जम्बूद्वीपे भरतखंडे

महर्षि मार्क्स के हथकंडे

जम्बूद्वीपे भरतखंडे

महर्षि मार्क्स के हथकंडे

अतुल तिवारी

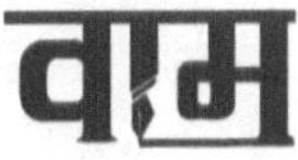

जम्बूद्वीपे भरतखंडे महर्षि मार्क्स के हथकंडे
अतुल तिवारी
पहला संस्करण, फ़रवरी 2022

वाम प्रकाशन
2254/2 ए, शादी खामपुर
न्यू रंजीत नगर
नयी दिल्ली — 110008

वाम प्रकाशन और लेफ़्टवर्ड बुक्स नया रास्ता पब्लिशर्स प्रा.लि. की प्रकाशन शाखाएँ हैं।

leftword.com

ISBN 978-93-92017-10-0

Jambudvipe Bharatkhande Maharshi Marx Ke Hathkande
Play by Atul Tiwari

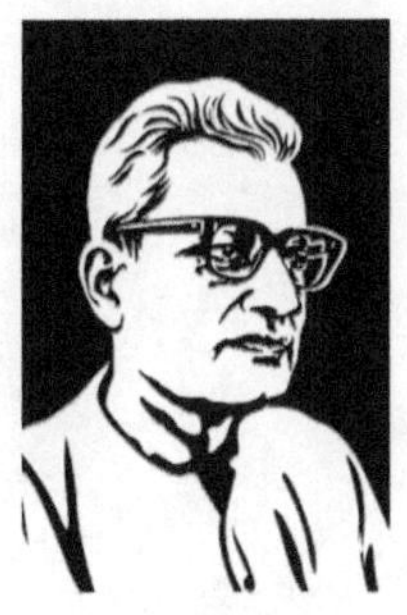

पापा के लिये !

जिनकी मैं बेहद इज़्ज़त करता था . . .

और जो मुझे बेहद प्यार

कॉमरेड शंकर दयाल तिवारी

(1 फ़रवरी 1921 — 18 जनवरी 1989)

सूची

प्राक्कथन

अपनी पहली प्रकाशित पुस्तक की एक चीज़ के बारे में मैं पूरी तरह से आश्वस्त हूँ। इस किताब में आपको कोई और चीज़ पसंद आये या ना आये, इसका कवर आपको ज़रूर पसंद आयेगा जिसे बेजोड़ कार्टूनिस्ट श्री आर. के. लक्ष्मण जी ने बनाया है। भारत के सबसे सशक्त व्यंग्य-चित्रकार लक्ष्मणजी के बनाये कार्ल मार्क्स में उन्नीसवीं सदी के उस दार्शनिक की गरिमा-गुरुता-गंभीरता भी है और साथ ही एक विवेकी-विनोदी-व्यंग्य भी। मार्क्स के जीवन, दर्शन और जीवनोत्तर-ज़िंदगी पर लिखे इस नाटक में शायद यही करने का प्रयास मैंने भी किया है।

मेरा यह नाटक अमरीकी इतिहासकार-दार्शनिक-नाट्यकार-अप्रतिम अध्यापक और सक्रिय युद्धविरोधी-समाजवादी-चिंतक हॉवर्ड ज़िन के 1999 में लिखे नाट्यालेख *मार्क्स इन सोहो* के भारतीय रूपांतर से कुछ ज़्यादा है और एक नये नाटक से कुछ कम। मेरे पापा से एक साल छोटे, 1922 में जनमे ज़िन इस साल सौ बरस के हो रहे हैं, इसलिए यह उनके प्रति भी मेरी श्रद्धांजलि है।

यह आलेख मैंने लॉकडाउन के दौरान 2020 में लिखा और मज़दूर-दिवस 1 मई को इसे पूरा किया था। फिर मार्क्स के जन्मदिन 5 मई को मैंने इसका पहला पाठ कानपुर में किया। जिन मित्रों ने उस दिन मेरे कच्चे-पक्के पाठ को झेला उन सबका धन्यवाद। बिना मेरी बहन डॉक्टर

अंजलि तिवारी और बहनोई डॉक्टर अलोक बाजपई के इसका लिखा जाना संभव ही नहीं था, जिन्होंने पहले लॉकडाउन के सात महीनों तक मुझे पनाह दी और काम करने की पूरी मोहलत।

मैं अपने मित्र मुंबई के वरिष्ठ रंग-निर्देशक श्री मनोज शाह का शुक्रिया करना चाहूँगा जिन्होंने हॉवर्ड ज़िन का मूल आलेख मुझे मुहैय्या करवाया।

जम्बूद्वीपे भरतखंडे महर्षि मार्क्स के हथकंडे को मैं 2021 में अपने पापा कॉमरेड शंकर दयाल तिवारी की जन्मशती के समय खेलना चाहता था। किंतु कोविड-कोरोना जो ना करे वो कम है। मैं अपने अनन्य मित्र — उत्तर-प्रदेश के बेहतरीन नाट्य-निर्देशक — श्री सूर्यमोहन कुलश्रेष्ठ का ममनून हूँ, जो पहले दिन से इस नाटक में मार्क्स की भूमिका करने को तैयार थे। मगर यह हो न सका . . .

. . . और अब यह आलम है कि पापा की जन्मशती वर्ष के एक साल बाद मंच पर न सही, पुस्तक रूप में यह नाटक दर्शकों-पाठकों के सामने आ रहा है। 2019 में पापा की लिखी मार्क्स की जीवनी छापने वाले दोस्त लेखक-निर्देशक-चिंतक-अभिनेता सुधन्वा देशपांडे अब LeftWord के साथ-साथ हिंदी में वाम प्रकाशन भी ले आये हैं। उनका मैं शुक्रगुज़ार हूँ कि एक बार कहने पर ही वो मेरा नाटक छापने को तैयार हो गये। आर. के. लक्ष्मण जी की पुत्रवधू और पुत्र श्रीमती उषा और श्री श्रीनिवास लक्ष्मण जी का मैं हमेशा ऋणी रहूँगा जिन्होंने अपने पिता की अमोल कृति मुझे बिन मोल ही दे दी।

अम्मा — डॉक्टर पुष्पवती तिवारी — के जाने के बाद से मेरे जीवन में जो दो माँएँ बचीं है — डॉक्टर प्रेमवती तिवारी और डॉक्टर आशा

यशवंत — उन्हें प्रणाम करके मैं अपनी यह छोटी सी रचना आप रसिकजनों को समर्पित करता हूँ।

अतुल तिवारी

1 फ़रवरी 2022

पुनश्च : वाम/LeftWord की छापी यह किताब copyleft में विश्वास करती है, और इस नाटक के सर्वाधिकार सारे रंग-प्रेमियों के पास सुरक्षित हैं। आप इसे पढ़िये, खेलिये, इस्तेमाल करिये। हाँ, एक सूचना आप हमें अवश्य भेजें ताकि हम आपसे जुड़ा हुआ महसूस करें।

मैंने इस नाटक को अपने शहर लखनऊ में अवस्थित किया है। किन्तु रंगकर्मी उन स्थान-विशेष प्रसंगों को अपनी तरह, अपने परिवेश में बदलने को स्वतंत्र हैं।

जम्बूद्वीपे भरतखंडे

महर्षि मार्क्स के हथकंडे

अंधकार में बिजली की कड़कने की आवाज़ के साथ, मंच के पीछे की ओर [अप-स्टेज] मौजूद एलईडी-वीडियो-वॉल पर सौर-मंडल के तमाम ग्रहों के साथ पृथ्वी भी दिखती है। कैमरा ज़ूम करते हुए पहले पृथ्वी और फिर भारत की ओर तेज़ी से बढ़ता है और एक नगर में आकर रुकता है। एक आम भारतीय शहर — भीड़ भरी सड़कें, ट्रैफ़िक-जाम में गाड़ियों की चिल्ल-पों, गायें-बैल, रिक्शो-तांगे-टेम्पो-ईरिक्शो, पैदल लोग, गगन-चुंबी इमारतें और ठीक पीछे झुग्गी-झोपड़ी-बस्ती, एक बड़ा सुंदर साफ़-सुंदर मॉल, पर पास ही गंदगी-कूड़ा-कीचड़, तभी एक कचरे वाला डम्पर-ट्रक बीच सड़क पर कूड़ा उड़ेल देता है जिससे तमाम धूल उड़ती है। बिजली फिर कड़कती है और मंच के मध्य में अचानक एक दढ़ियल — थोड़े गंजे — फिर भी घुंघराले बालों वाले, कोट-पैंट धारी, हाथ में चमड़े का एक बैग लिए कार्ल मार्क्स नज़र आते हैं। वो कचरे की धूल में सने हैं और अपने हाथों, कपड़ों और सर से धूल झाड़ते हैं। पर बहुत ख़ुश हैं। कचरे की बदबू से नाक-भौं सिकोड़ने के बजाय अपने नथुनों में उस चिर-परिचित गंध को भर लेना चाहते हैं।

वाह, वाह वाह! मज़ा आ गया! मैं तो बहुत डरा हुआ था। सुना था स्वच्छ-भारत अभियान के बाद भारत बहुत स्वच्छ हो गया है। पर यह तो बिलकुल मेरे लंदन की तरह है। आज के लंदन की तरह नहीं, मेरे ज़माने के लंदन की तरह, जब हर तरफ़ कूड़ा-कचरा-कीचड़-गंदगी-बदबू होते थे। हः! सिर्फ़ बड़े-अमीर-संभ्रांत लोगों की बस्तियों को छोड़ कर। वो

तो, I am sure, यहाँ भी ऐसी ही होंगी। हमारी थेम्स नदी से तो इतनी सड़ांध आती थी कि 1858 में Westminster की संसद को बंद कर देना पड़ा था। कम से कम इंडिया की parliament में सड़ांध तो नहीं आती — at least बाहर से तो! मतलब, कितनी हरी-भरी है आपकी दिल्ली।

ख़ैर जो भी है मैं बहुत ख़ुश हूँ कि आखिरकार मैं इंडिया आ ही गया। इंडिया यानी जम्बूद्वीपे-भरतखंडे बसा हिंदुस्तान। कब से मन था यहाँ आने का। ऋषियों-मुनियों की भूमि, तमाम धर्मों-दर्शनों की धरती, कला और संस्कृति का देश, किसानों की कर्मभूमि, कामगारों-मज़दूरों का मुल्क, क्रांतिकारियों का राष्ट्र। और कितना अच्छा लग रहा है — आप सब को यहाँ देख कर। पता नहीं आपको कैसा लग रहा होगा मुझे यहाँ मौजूद देख कर? आप सोच रहे होंगे, 'मार्क्स अभी तक ज़िंदा है? हमने तो सुना था और सोचा था कि . . . वो तो मर गया। उन्नीसवीं सदी में ना सही — तो 1989 में तो definitely मर गया था मार्क्स।' आपने ठीक सोचा था। मैं 1883 में ही मर गया। पर अब तक ज़िंदा भी हूँ। जी हाँ, 'मर गया हूँ — पर ज़िंदा हूँ'। हःहःहः! इसी को तो कहते हैं dialectics या द्वंद्ववाद — द्वंद्वात्मकता।

मार्क्स सामने मौजूद टेबल पर अपना बैग रखकर, कुर्सी पर
बैठ जाते हैं और गिलास में पानी डालने लगते हैं कि तभी नज़र
बियर की बोतल पर पड़ती है। वो पानी की बोतल रख कर
बियर की बोतल उठा लेते हैं।

अब आप सोच रहे होंगे कि मैं यहाँ क्यूँ आया हूँ? Simple! मेरे नाम

और काम पर हो रही अटकलों को साफ़ करने और बदनामी को मिटाने! हःहः! पता नहीं कब से लोग बार-बार कहते रहते हैं कि 'मार्क्स के विचार बेकार हैं, बकवास हैं और कब के अपने मायने खो चुके है — Marx's ideas are dead।' मेरे लिए यह कोई नयी बात नहीं है। मेरे वक़्त से लोग यह कहते आ रहे हैं। पता नहीं क्यूँ डेढ़-सौ सालों से लोग मुझे बार-बार मारते आ रहे हैं। अभी भी जब-देखो-तब अख़बारों में, magazines में, blogs में यह ख़बर आती रहती हैं कि — 'Ultimately अब मार्क्स और उनके विचारों को दफ़नाने का वक़्त आ चुका है।!'

सुनते-सुनते जब मेरे कान पक गये और पानी नाक से ऊपर चढ़ने लगा तो मुझे लगा बस अब नीचे जाकर अपनी बात कहने का वक़्त आ चुका है और मैं चला आया।

एक विजयी भाव से मार्क्स बियर की बोतल खोलते हैं और चुस्की लेते हैं। पीछे स्क्रीन पर मार्क्स की बातों के अनुसार शहर-गाँव-लोगों-चेहरों-पुराने तस्वीरों के दृश्य आते-जाते रहते हैं।

हःहःहः! एक जर्मन बिना ऑक्सीजन के रह सकता है पर बिना बियर के . . . impossible। वैसे वहाँ ऊपर से नीचे आना आसान नहीं था। वहाँ भी हर चीज़ के लिए तमाम permissions, permits, licences और NOCs लेने पड़ते हैं। जितने bureaucrats ऊपर पहुँचे हैं उन्होंने और किया क्या है, सिवाय चीजों को complicate करने के। वहाँ अख़बार पढ़ने की आज़ादी है, TV देखने की freedom है . . .

हःहःहः ! — पर ये दोनों ख़ुद कितने आज़ाद और फ्री हैं, आप मुझसे ज़्यादा अच्छी तरह से जानते हैं। मगर नीचे आने की आज़ादी नहीं है कि कहीं आप ख़ुद अपनी आँखों से सच ना देख लें और सीधे लोगों से बात न कर लें। इस मामले में पूरा lockdown है वहाँ — जैसे कोई नीचे चला गया तो कोरोना ले आयेगा। अरे मरे हुए को कोरोना का क्या डर ? पर कुछ लोग आपको डंडे से, भूख से, जेल से, ऊब से मार डालेंगे पर कोरोना से नहीं मरने देंगे। मगर मैं तो अड़ गया, ज़िद पकड़ कर हड़ताल पर बैठ गया। धीरे-धीरे और लोग भी मेरा साथ देने लगे। सुकरात ने आवाज़ उठाई कि, 'दुनिया ना देखने से तो मर जाना ही बेहतर है।' गौतम बुद्ध ने 'ॐ मणि पद्मेहुम' का उच्चारण शुरू कर दिया। Saint Augustine बोले, 'जो सफ़र नहीं करता वो जिंदगी की किताब का सिर्फ़ एक सफ़ा पढ़ पाता है।' मार्क ट्वेन उनकी खिल्ली उड़ाते हुए बोला, 'मत जाने दीजियेगा किसी को, क्योंकि दुनिया देखने से लोगों के दिमाग खुल जाते हैं और धर्मांधता-कट्टरता-पूर्वाग्रह और पक्षपात ख़तम हो जाते हैं। और दिमागों का खुलना किसी भी शासन के लिए ख़तरनाक साबित हो सकता है।' गांधीजी तो सत्याग्रह करके आमरण अनशन पर बैठ गये। बोले, 'यदि मेरे राजनैतिक-गुरु गोखलेजी ने मुझे भारत की यात्रा पर ना भेजा होता तो मैं तो हिंदुस्तान के बारे में अनपढ़ ही रह जाता।' और फिर उन्होंने मौन व्रत ले लिया। हःहःहः ! हम दोनों में खूब पटती है। . . . पर ज़्यादातर लोग . . . खामोश रहे, सब देख-समझ कर भी अनजान बन कर अनदेखा करने लगे। होता है, हमेशा होता है। डरे हुए लोग अनभिज्ञता की मासूम ढाल के पीछे छिप जाते हैं। पर टैगोर ने हिम्मत दी बोले, 'मार्क्स, जोदि डाक शुने तुमार केयू नाशे तबे एकला चलो रे !'

और मैं अपने हक की लड़ाई पर डट गया। वहाँ की NRC में — जी हाँ वहाँ भी NRC है, NRC — Next-world Register of Citizenship। तो वहाँ की NRC में मेरा शुमार अशांति फैलाने वाले उपद्रवियों में होता है। हालाँकि मैंने कभी कहीं अशांति फैलायी हो — मुझे तो याद नहीं पड़ता। हाँ, अगर लोगों को, ग़रीबों को, मज़दूरों को, किसानों को उनके वाजिब हुक़ूक़ नहीं मिले तो — 'एक दिन अशांति फैलेगी' — यह मैंने ज़रूर कहा है और बार-बार कहा है।

ख़ैर, वहाँ भी हड़ताल काम में आयी और उन्हें मानना ही पड़ा। मगर मुख्य-सचिव बोले — हाँ भाई वहाँ भी होते हैं — 'तुम्हारे पास सिर्फ़ एक घंटे की मोहलत है। तय कर लो कहाँ जाना है। अपनी जन्मभूमि जर्मनी, कर्मभूमि इंग्लैंड, पहली क्रांति और कम्यून वाले फ्रांस, पहले कम्युनिस्ट देश रूस, या चीन — जो कैपिटलिस्ट होते हुए भी ख़ुद को कम्युनिस्ट कहता है — या क्यूबा . . . या कहीं और? पर यह याद रखो, जहाँ कहीं भी जाओ, तुम्हें लोगों को भड़काने की इजाज़त नहीं है, न किसी आंदोलन या हड़ताल की। हाँ, तुम लोगों से बात ज़रूर कर सकते हो — पर सीमाओं के अंदर।' You see, कितने आज़ाद ख़याल होते हैं यह bureaucrats। इन्हें बोलने की आज़ादी तो होती है पर उन सीमाओं के अंदर जो इनके आक़ा खींच दें। मैंने सोचा जब जाना ही है तो किसी ऐसी जगह चलते हैं जो अभी तक ना देखी हो, नयी हो, मगर जिससे मेरा जुड़ाव रहा हो। तो मैं यहाँ चला आया — आपके पास — इंडिया।

हः हः हः ! आप सोचेंगे मैं फेंक रहा हूँ, जैसे हमारे नेता लोग इलेक्शन

के वक़्त फेंकते हैं और जिस शहर जाते हैं उसी को अपनी सबसे favourite जगह बताने लगते हैं। पर सच मानिए, हिंदुस्तान से मेरा रिश्ता बहुत पुराना है। कितने लोग थे, जो 1857 के सिपाही-विद्रोह के समय — ठीक उसी वक़्त न सिर्फ़ उस संग्राम के बारे में लिख रहे थे — बल्कि उसको ठीक तरह से पहचान भी रहे थे? अंग्रेज़ों के सारे अख़बार उसे Mutiny — बग़ावत कह रहे थे और भारत में तो कोई उस बारे में कुछ कह ही नहीं रहा था। पर मैंने उसी समय, 15 जुलाई 1857 के दिन *New York Daily Tribune* में लिखा था, 'Divide & Rule के मंत्र से अंग्रेज़ों ने डेढ़-सौ बरसों से हिंदुस्तान के लोगों को धर्म-ज़ात-इलाक़े-क़बीले-ज़बान के नाम आपस में लड़वा कर अपना राज कायम कर रखा है। आज 20 करोड़ लोगों के देश को सिर्फ़ 40 हज़ार अंग्रेज़ी फ़ौज ने अपने क़ब्ज़े में कर रखा है। पर अब यह सूरत बहुत दिन नहीं चलेगी — क्यूँकि पहली बार — एक दो जगह नहीं, तक़रीबन पूरे हिंदुस्तान में राजे-रजवाड़े, सिपाही और आम लोग भी अंग्रेज़ी सत्ता के ख़िलाफ़ उठ खड़े हुए हैं। इस विद्रोह में आपसी बैर-भाव को छोड़ कर सब शामिल हैं और सबसे हैरत की बात यह है कि — दिल्ली में हिंदुओं ने एक मुसलमान को अपना बादशाह मुक़र्रर करने का ऐलान कर दिया है।' और फिर एक के बाद एक मैंने कई लेख भारत के उस पहले स्वतंत्रता-संग्राम के बारे में लिखे। मेरे यह लिखने के पचास साल बाद — जी पचास साल बाद — जिस हिंदुस्तानी ने यही बात लिखी वो था विनायक दामोदर सावरकर — हालाँकि उनकी मेरी बिल्कुल नहीं पटती। पता है क्या लिखा था मैंने आपके शहर के बारे में — जब बहादुर बेग़म हज़रत महल के विद्रोह और रेज़ीडेंसी की घेराबंदी के बाद अंगेजी फ़ौजें

लखनऊ में घुसी थीं? सुनिए, 'बारह दिन और बारह रात तक लखनऊ में ब्रिटिश सेना जैसी कोई चीज़ नहीं थी। थे तो सिर्फ़ बेलगाम, शराब में धुत, वहशी लुटेरों के खूंरेज़ गिरोह। 1858 में हुई लखनऊ की लूट ब्रिटिश फ़ौजों के लिए हमेशा एक कलंक बनी रहेगी।'

छोड़िए उसे। 1857 के बहुत पहले से मैं इंडिया के बारे में सोचता और लिखता रहा हूँ। मगर वो सब बातें फिर कभी। अभी तो आप जाइए और लोगों में ऐलान कर दीजिए कि फिर वापस लौट आया है कार्ल मार्क्स।

मार्क्स फिर बियर की चुस्की लेते हैं और खाँसते हैं।

वैसे एक बात साफ़ कर दूँ। मैं मार्क्स ज़रूर हूँ, पर मार्क्सवादी . . . बिलकुल नहीं। एक बार जब यह बात मैंने पाइपर से कही तो वो बेवकूफ तो ग़श खा गया। बेचारा पाइपर। I must tell you about him.

उन दिनों हम लोग लंदन में रह रहे थे। मैं, जेनी, बच्चे, हमारे दो कुत्ते, तीन बिल्लियाँ, दो चिड़ियाँ। रह क्या रहे थे बस किसी तरह जी रहे थे, जिये चले जा रहे थे। सोहो में हमारा एक छोटा सा फ्लैट था, डीन स्ट्रीट पर। डीन स्ट्रीट यानी वो जगह जहाँ पूरे शहर का कचरा डाला जाता था और जहाँ लंदन भर का मैला बह कर आता था। अब आप पूछेंगे कि मैं ऐसी जगह रह ही क्यूँ रहा था? मत पूछिए। वरना मैं भी पूछ सकता हूँ कि लोग मुंबई के धारावी में क्यूँ रहते हैं या दिल्ली के भलस्वा में या कोलकता के बासंती या आपके लखनऊ के मोहिबुल्लापुर में या गुजरात-मॉडल के स्मार्ट-सिटी अहमदाबाद के हॉलीवुड-स्लम यानी 'परिवर्तन' में — जहाँ कुछ परिवर्तित नहीं हुआ है — सिवाय नाम के?

पर पहले आपको यह बता दूँ कि मैं लंदन में ही क्यूँ रहता था।

मैं लंदन में इसलिए रहता था क्यूँकि मुझे फ़्रांस से निकाल दिया गया था, बेल्जियम से बेदख़ल कर दिया गया था, पूरे योरोप महाद्वीप से निष्कासित कर दिया गया था और इसलिए कि मुझे मेरे अपने वतन जर्मनी से जिलावतन कर दिया गया था। क्यूँ? . . . इसलिए कि मैं 'एक आतंकवादी-ख़तरनाक' काम कर रहा था — मैं ईमानदारी से एक अख़बार का संपादन कर रहा था। है ना नाक़ाबिले-बर्दाश्त जुर्म? हमारे समाचारपत्र का नाम था *Der Rheinische Zeitung* — दैनिक हेनिश रोज़नामचा'। यह कोई क्रांतिकारी पर्चा नहीं था . . . हाँ कभी-कभार मैं शुद्ध-साफ़-कड़ुआ सच ज़रूर लिख दिया करता था — और सच किस सरकार को, किस प्रशासन को, किस राष्ट्र-सेवक को बर्दाश्त हुआ करता है?

उन दिनों जर्मनी में पुलिस जंगल से सूखी-टूटी टहनियाँ-लकड़ियाँ बटोरनेवाले ग़रीबों को गिरफ़्तार करके जेल में डाल देती थी क्यूँकि सारे जंगल तो किसी न किसी ज़मींदार के बाप के थे। इस बेरहम दस्तूर की सख़्त मुख़ालिफ़त करते हुए मैंने एक धुआँधार संपादकीय लिख मारा। बस, लग गये सारे अधिकारी और सरकार हमारे अख़बार को सेंसर करने में। तो मैंने एक और एडिटोरियल लिख दिया, 'जर्मन सरकार अखबारों से उनकी अभिव्यक्ति की आज़ादी छीनना चाहती है।' फिर क्या था। उन्होंने कहा, 'ठीक है, अब हम तुम्हें बताएँगे कि अभिव्यक्ति की आज़ादी छीनना किसे कहते हैं' — और उन्होंने हमारे अख़बार को बैन कर दिया। अपने आख़िरी इशू में हमने बड़े-बड़े हर्फ़ों में छापा —

'विद्रोह — REVOLT' । अगले दिन हमारे प्रेस पर ताला डाल दिया गया और मुझे देश-निकाले का हुक्म दे दिया गया। — यह असर होता है 'विद्रोह' शब्द का — फिर बताइए सचमुच के REVOLT का क्या असर होता होगा?

देश निकाला मिला तो मैं जर्मनी छोड़ कर वहाँ चला गया, जहाँ सारे-के-सारे विद्रोही जाते थे — पेरिस। उन दिनों का पेरिस यानी हर खुले दिल-दिमाग़, नये ख़याल वाले विचारक और आधुनिक-कलाकार का शहर — जहाँ रात-रात भर कैफ़े और शराबखानों में बैठ कर आप अपने 'कमाल के क्रांतिकारी' होने की डींगें मार सकते थे। — और यूँ शेखी बघार कर किसी और को न सही, तो कुछ भोली-भाली लड़कियों को तो पटा ही सकते थे। . . . नहीं-नहीं-नहीं-नहीं मैंने ऐसा कुछ नहीं किया। मेरी तो पत्नी मेरे साथ थी — जेनी। जेनी ने एक छोटा सा फ्लैट लातिनों की बस्ती 'पिगाल' के पास किराये पे ले लिया। पिगाल यानी हर पागल-जुनूनी कलाकार, मेरे जैसे झक्की दार्शनिक, ज़िंदगी से भागे हुए दीवाने-प्रेमी, नशाखोरों, गिरहकट-चोरों और शोख़-हसीन तेज़-तर्रार रंडियों का इलाक़ा। छोटे से घर में हमारे हनीमून के दिन गुज़रने लगे — बड़े प्यार भरे दिन, जूनून भरे दिन, मीठे यादगार दिन।

But every honeymoon comes to an end. जर्मन पुलिस ने पेरिस की पुलिस को मेरे बारे में ख़बर भेजी और बताया कि मैं 'कितना ख़तरनाक आतंकवादी' हूँ। कभी-कभी मुझे लगता है कि 'दुनिया के मज़दूर एक हों' या न हों, दुनिया के पुलिसवाले तो एक हो ही चुके हैं। पेरिस से निकाले गये, तो हम पहुँच गये बेल्जियम। पर वहाँ भी

हमारी गिरफ़्तारी का वारंट निकाल दिया गया । इस तरह हमें आना पड़ा उस शहर — जहाँ दुनिया भर से निकाले गये लोग आ जाया करते थे — लंदन । जी हाँ लंदन । हः हः हः ! पता है आपको, 1919 में जल्लियाँवालाबाग़ क़त्ले-आम के बारे में सच लिखने के जुर्म में, जब *Bombay Chronicle* के अंग्रेज एडिटर Mr. Horniman को अंग्रेज़ी हुकूमत से निकाल दिया गया तो वो कहाँ गये थे ? लंदन ! इस मामले में अंग्रेज़ों की दरियादिली की तारीफ़ करनी पड़ेगी, पर साथ ही बहुत कोफ़्त भी होती है, कि वो ख़ुद अपनी दरियादिली की तारीफ़ करते नहीं अघाते हैं । हः हः हः ! ख:ख:ख: !

हँसते-हँसते मार्क्स को खाँसी का दौरा पड़ता है । वह रूमाल से
मुँह पोंछते हैं ।

डॉक्टरों ने कहा था — दो हफ़्तों में यह खाँसी ठीक हो जाएगी । इस बात को एक-सौ-बासठ साल हो चुके हैं — 1858 की बात है । यह डॉक्टर्स भी ना . . . जानते कुछ नहीं हैं पर बात ऐसे करते है जैसे . . . पर डॉक्टर्स ही क्या ज़्यादातर लोग . . . जैसे मैं आपको पाइपर के बारे में बता रहा था । लंदन के हमारे घर में तमाम तरह के लोग राजनैतिक चर्चा के लिए आ जाया करते थे । उन्हीं में से एक था जवान पाइपर । बिलकुल बर्र की तरह हरदम भिन्न-भिन्न करता रहता था । बहुत बड़ा चाटुकार था, चमचा एक नंबर का । हरदम मुझसे चिपक कर बैठा करता था और मुझे मेरी ही लिखी लाइनें रट-रट कर सुनाता रहता था । 'कॉमरेड ! डॉक्टर मार्क्स ने कहा है कि "किसी एक जगह ढेर सारी पूँजी पैदा हो तो समझ जाओ कि — किसी दूसरी जगह ग़रीबी, ग़ुलामी, मजबूरी, जहालत, ज़ुल्म, दर्द

और दुर्दशा पैदा हो रहे हैं।" . . . मुझे बड़ी कोफ़्त होती और मैं कहता, 'पाइपर, प्लीज़ मेरी लिखी बाते मुझे ही मत सुनाया करो।'

पर ख़ुशामदी लोग ऐसे ही होते हैं। आपके एक कमाल के शायर वहाँ मुझे मिले और मेरे बड़े अच्छे दोस्त बन गये हैं — नज़ीर — नज़ीर 'अकबराबादी'। उनकी एक नज़्म है —

दिल ख़ुशामद से हर इक शख़्स का क्या राज़ी है

आदमी जिन परी ओ भूत बला राज़ी है

भाई फ़रज़ंद भी ख़ुश बाप चचा राज़ी है

गर भला हो तो भले की ख़ुशामद कीजे

गर बुरा हो तो बुरे की भी ख़ुशामद कीजे

पाक, नापाक, सिड़े की भी ख़ुशामद कीजे

कुत्ते, बिल्ली ओ गधे की भी ख़ुशामद कीजे

जो ख़ुशामद करे ख़ल्क़ उससे सदा राज़ी है

हक़ तो यह कि ख़ुशामद से ख़ुदा राज़ी है

उफ्फ़! पर मुझे पाइपर जैसे ख़ुशामदी लोग बिलकुल बर्दाश्त नहीं होते।

वो अक्सर कहता था, 'कॉमरेड, देखिएगा एक दिन मैं आपकी पुस्तक *पूँजी — दास कैपिटल* का अंग्रेज़ी में अनुवाद करूँगा।' हः हः हः! जो साला ख़ुद ठीक से अंग्रेज़ी नहीं जानता था और जब मुँह खोलता था

अंग्रेज़ी की हत्या कर देता था, वो अंग्रेज़ी में मेरी किताब का तर्जुमा करने की धमकी देता रहता था। अंग्रेज़ी कोई मामूली ज़बान नहीं है। बड़ी ख़ूबसूरत ज़बान है, शेक्सपियर की भाषा है। शेक्सपियर अगर पाइपर को अंग्रेज़ी बोलते सुन लेते तो ज़रूर ज़हर पी लेते। पर जेनी को उस पर बड़ा प्यार आता था और अक्सर वो उसे चाय पे बुला लेती थी। एक शाम वो आया और बोला, 'कॉमरेड, हमने "Marxist Society of London" की स्थापना कर ली है।'

'"मार्क्सिस्ट सोसाइटी"? यह किस चिड़िया का नाम है?'

'वहाँ हम क्रांतिकारी लोग हर हफ़्ते मिलते हैं और आपकी लिखी कोई किताब ज़ोर-ज़ोर से पढ़ते हैं फिर उसकी हर लाइन — हर पैराग्राफ — हर शब्द पर चर्चा करते हैं। इसीलिए हम अपने संगठन को "मार्क्सिस्ट मंडल" कहते हैं। वहाँ आने वाला हर आदमी आपका भक्त है और आपकी लिखी बातों को शत-प्रतिशत सच और पावन मानता है।'

'शत-प्रतिशत सच और पावन?' मैंने पूछा।

'हाँ! और अनुकरणीय, असाधारण और अकाट्य। और इसीलिए हम चाहते हैं कि हमारी अगली मीटिंग में आप स्वयं-साक्षात वहाँ आयें और हमें ख़ुद अपने विचारों से अवगत करायें, डॉक्टर मार्क्स!'

वो हमेशा मुझे डॉक्टर मार्क्स कहकर ही बुलाता था या कॉमरेड।

'मुझे वादा दीजिये कि आप आयेंगे, कॉमरेड!'

'नहीं, मैं नहीं आऊँगा।'

'क्यूँ मगर, डॉक्टर मार्क्स?'

'इसलिए कि मैं मार्क्स हूँ मगर मार्क्सवादी नहीं हूँ। और फिर मुझे तुम्हारी तरह यकीन नहीं है कि मेरी हर बात सच है, अनुकरणीय-असाधारण-अकाट्य है — ऊपर से पावन भी।'

हःहःहः ! पाइपर की अंग्रेज़ी तो ख़राब थी ही — मेरी भी कोई बहुत अच्छी नहीं थी — पर उससे ज़्यादा डर लगता था मुझे उसकी तरह सोच से। ऐसे भक्त लोग बेअकल ही नहीं बड़े ख़तरनाक भी होते हैं। आपने तो देखे होंगे भक्त . . . अपने आस-पास। पंसारे और कलबुर्गी मुझे बता रहे थे, आजकल भक्तों की संख्या बहुत बढ़ गयी है भारत में। और डॉक्टर आंबेडकर कह रह थे उन्होंने तो ख़ुद चेतावनी दी थी अपने लोगों को किसी की भी अंधभक्ती के ख़िलाफ़ — पर आज लोग उन्हीं को पूजने लगे है मूर्ति बना कर। बुद्ध उनकी बात सुन कर मन ही मन मुस्कुरा रहे थे।

असल में यह भक्त किस्म के लोग — पाइपर जैसे — करते क्या हैं कि आपकी बातों को — बिना ठीक से समझे — तोड़-मरोड़ कर दूसरों को परोसने लगते हैं। और फिर अगर किसी ने टोका — तो अपने कहे को तर्क-कुतर्क से सही साबित करने में लग जाते हैं और हर उस आदमी की भर्त्सना करने लगते हैं जो उनसे कुछ अलग तरह से मूल बात को समझने की कोशिश कर रहा हो।

एक बार मैंने जेनी से कहा, 'पता है जेनी, मैं किस चीज़ से सबसे ज़्यादा डरता हूँ?'

'हाँ! यही कि मज़दूरों की क्रांति सच में कभी नहीं आयेगी।'

'नहीं, नहीं नहीं! सर्वहारा-मज़दूरों की क्रांति तो अवश्य आयेगी। पर मुझे डर इस बात का है कि उस क्रांति को पाइपर जैसे बेअकल-बदनीयत लोग अगवा कर लेंगे — हथिया लेंगे। ऐसे लोग सत्ता के बाहर तो बिलकुल बिना रीढ़वाले होते हैं, पर सत्ता मिल जाने के बाद उनसे ज़्यादा सख़्त, अकड़बाज़, बेरहम और हठधर्मी कोई नहीं होता। वो लोग ग़रीबों-मज़दूरों-किसानों की बात करने के लिए मेरे सिद्धांतों की कसमें खायेंगे पर असल में ख़ुद ख़ुदा बन कर अपना एक नया मज़हब कायम कर देंगे और उस धर्म के नाम पर उन्हीं ग़रीबों-मज़दूरों-किसानों की हत्या करने उन पर मुक़्क़द्दमें चलाने और उन्हें दबाने-कुचलने में लग जायेंगे — जिनके लिए लोग लड़कर, अपनी जानें न्योछावर करके इंक़लाब लेकर आये थे। ऊपर से यह सब किया जायेगा कम्युनिज्म के नाम पर। और इस तरह सच्चे साम्यवाद को आने में — हर एक की बराबरी के, मज़दूरों-मिल-मालिकों किसानों-ज़मींदारों के बीच के अंतर को मिटाने के हमारे सपने के पूरा होने में सौ-दो सौ साल और लग जायेंगे। इस बात से डर लगता है मुझे।'

नहीं, मैं पाइपर जैसे चाटुकार को कभी अपनी किताब *दास कैपिटल* के अनुवाद की इजाज़त नहीं दूँगा। अरे एक वही तो 'पूँजी' है मेरे पास — मेरा 'सरमाया', जिसे मैंने पंद्रह साल की बेरहम मशक़्कत के बाद बटोरा है — वो भी सोहो में रहते हुए — जहाँ कुछ सोचना-लिखना-पढ़ना तो दूर साँस लेना भी एक मुश्किल काम था। हर दिन सुबह जब मैं घर से निकलता था तो बजबजाते-बदबूदार-पाखाने और मैले से होकर गुज़रना

पड़ता था। सड़ते कूड़े के ढेर से अगर आपने पैर बचाया तो किसी गंधाते-बीमार भिखमंगे के ऊपर पड़ जाता था। यह सब पार करते हुए मैं पहुँचता था 'ब्रिटिश म्यूज़ियम'। वाह! क्या जगह है वो, और सबसे बढ़कर उसकी लाइब्रेरी। शाम तक वहाँ बैठ कर मैं किताबों पर किताबें पढ़ता और नोट्स बनाता रहता था . . . ओफ़्फ़फ़फ़! कितना नीरस-उबाऊ-बोरिंग काम होता है 'राजनैतिक-अर्थशास्त्र' पढ़ना। क्या इससे ज़्यादा कोफ़्त का कोई काम हो सकता है? [ज़रा सोच कर] हाँ! हो सकता है। 'राजनैतिक-अर्थशास्त्र' लिखना। हः:हः:हः: !

और फिर शाम को वापस घर। उन्हीं गंदी-बदबूदार-अँधेरी गलियों से होते हुए . . . शाम को तरह-तरह के खोमचेवाले, रेहड़ीवाले आवाज़ लगाया करते थे, रंडियाँ अपने ठहाके और ताने सुनाया करती थीं और क्रीमिया के युद्ध से लौटे लंगड़े-लूले-अंधे-अपाहिज सैनिक भीख की गुहार लगाया करते थे — कि कोई उन अपंगों को कौड़ी-दो कौड़ी दे दे। यह था हमारा अँधेरा-स्याह-dark लंदन — जिसके साम्राज्य पर सूरज हमेशा चमकता रहता था।

मेरे आलोचक अक्सर कहते हैं, 'मार्क्स को ज़रूर कभी बड़ी विषम परिस्थितियों से गुज़रना पड़ा होगा। कड़वे व्यक्तिगत अनुभवों से ही ऐसी कड़वी किताब जन्म ले सकती है।' किसी ने कहा, 'अगर आप को रोज़-दर-रोज़ सोहो की गलीज़ गलियों से गुज़रना पड़े — तो ऐसे गलाज़त भरी किताब तो ख़ुद-ब-ख़ुद निकल आयेगी — उल्टी की तरह।' हः:हः:हः: ! [खाँसते हैं] उन्हें क्या पता कितनी मेहनत, कितना अध्ययन, कितना मनन, कितना चिंतन लगा था मुझे Capital लिखने में।

शायद आप सोच रहे हों, 'ठीक बात है । उन दिनों का लंदन था ही ऐसा ।'

उन दिनों का ? लंदन ? छोड़िये, उन दिनों को । आज की बात करते हैं और लंदन की नहीं आपके शहर की बात करते हैं । यहाँ आते वक़्त मैंने शहर-ए-लखनऊ के मोहिबुल्लापुर को देखा था । उसे जाने दीजिये, गवर्नर हाउस के सामने रामलीला मैदान में नाले पे बसी बस्ती देखी है आपने ? या हुसैनगंज-उदयगंज की गलियाँ ? वही बदबू यहाँ भी आती है, वही सड़ांध — मेरे लंदन वाली । डेढ़ सौ बरस बाद भी कुछ नहीं बदला है । वही आवाज़ें, वही बू, वही नज़ारे । अमीनाबाद में टुंडे-कबाबी के सामने एक भिखारन वैसे ही रोटी माँग रही थी, जैसे मेरी गली में माँगा करते थे बेग्गर्स । और एक बच्चा कूड़े के ढेर में कुछ ढूँढ रहा था — शायद अपना भविष्य ।

अब तक मार्क्स का गुस्सा बढ़ चुका है ।

आप लोग इसे प्रोग्रेस कहते हैं ? क्या कहते हैं वो — विकास — 'सबका विकास' । देखा है मैंने विकास आपके शहर में । बड़े-बड़े मॉल्स, मल्टीप्लेक्सेज, ज़िंदा लोगों की मूर्तियाँ, पत्थर के हाथियों की फ़ौज, रिवर से कहीं चौड़ा रिवर-फ्रंट, गड्ढा-मुक्त सड़कें, हवाई-जहाज़ों के झुण्ड, सूखती गोमती पर हरियाता गोमतीनगर — उसके महल जैसे बंगले, लंबी चमचमाती मोटर-गाड़ियाँ, स्मार्ट-फ़ोन्स, महँगे सैलून्स — उनसे उठती मदमाती ख़ुशबू और सड़कों पर सोते बूढ़े रिक्शेवाले, भीख माँगते बच्चे, बाप के इलाज के लिए जिस्म बेचती कॉलेज की लड़कियाँ ।

मार्क्स मेज़ पर से एक अख़बार उठाते हैं ।

यह, देखा है ना आपने . . . ? पिछले साल का अख़बार है। न्यू इंडिया की राजधानी दिल्ली के आनंद विहार की तस्वीरें है। हज़ारों मज़दूर, रेहड़ी-वाले, घरों में काम करने वाली बाइयाँ — अपनी गृहस्ती-बस्ती सब छोड़ कर अपने गाँव-घर भागने के लिए बसों की तलाश में आये हुए हैं। माना कोरोना के चलते उन्हें नहीं आना चाहिए था . . . Lockdown में, social distancing के साथ घर में ही रहना चाहिए था और बार-बार साबुन-पानी से हाथ धोना चाहिए था। पर किस घर में? जिस दस-फ़ुट-बाई-दस-फ़ुट की खोली में 10 लोग रहते हों — उसे आप घर कहते हैं? उस दमघोंटू बिल में रहना — वो भी social-distancing के साथ — is it possible? जिन्हें हाजत के लिए बस्ती के लगे नाले पे जाना पड़ता हो, उन्हें आप lockdown में कैसे रखेंगे? जिनके घर में नल ही नहीं है वो पानी से बार-बार हाथ कैसे धोयेंगे? यही कहानी थी बॉम्बे के बांद्रा में, गुजरात के 'कोहिनूर हीरे' सूरत में, कलकत्ते में, बंगलोर और हैदराबाद में और . . . छोड़िये लिस्ट बड़ी लंबी है।

दूसरा अख़बार उठा कर।

यह देखिये . . . इस बच्ची ने अपनी माँ के साथ 1,200 किलोमीटर पैदल चलकर, गाँव पहुँचने से पहले ही दम तोड़ दिया। उस बेरहम माँ को गिरफ़्तार करके पुलिस ने जेल में डाल दिया है। अच्छा किया! कम-से-कम थोड़ा आराम और एक वक़्त की रोटी तो मिल जायेगी उस बेशरम क़ातिल औरत को . . . एक बात बताइये, जब चीन, अमेरिका, ईरान, इंग्लैंड से लोगों को सरकार हवाई जहाज़ भेज कर वापस उनके घर पहुँचा रही थी, तो इन ग़रीबों ने क्या गुनाह किया था जो इनके लिए बस और

ट्रेन भी मुहैया नहीं करायी गयीं? ट्रेन्स चलायीं भी गयीं तो डेढ़ महीने बाद — एक मई को — जब लॉकडाउन ख़त्म होने को था। चलो कम से कम 'मज़दूर दिवस' के दिन मज़दूरों की याद तो आयी सरकार को।

. . . सवाल यह नहीं पूछा जाना चाहिए कि ये ख़ानाबदोश-मज़दूर अपनी कर्मभूमि छोड़ कर अपने गाँव-घर क्यूँ जाना चाह रहे थे? सवाल यह पूछा जाना चाहिए कि करोड़ों लोगों को, अपना गाँव-घर-बस्ती-शहर छोड़ कर रोज़ी कमाने, हज़ारों मील दूर जाना ही क्यूँ पड़ता है? क्यूँ किसान अपनी ज़मीन-खेत छोड़ने पे मजबूर हुए, क्यूँ मज़दूरों-कामगारों को अपने चाक, अपनी खड्डी, अपने करघे से दूर होना पड़ा, क्यूँ औरतों को अपना मायका-ससुराल छोड़ कर अनजान बस्तियों में बसना पड़ा?

कुछ और अख़बार उठाते हैं।

यह पढ़िये। *Business Today* कहता है भारत की 73% पूँजी सिर्फ़ 1% लोगों के हाथ में है। ये *Mint* में लिखा है इंडिया के 60% ग़रीबों के हाथ में देश की सिर्फ़ 4.7% दौलत है। और याद रखिये, ये सब business papers हैं, जिन्हें दौलतमंद या पैसे से प्यार करने और money-market को जानने-समझने की कोशिश करने वाले ही पढ़ते हैं। Oxfam की इस रिपोर्ट में लिखा है कि, 'इंडिया में साढे-छः करोड़ लोगों के पास किसी बीमारी में डॉक्टर के पास जाने या इलाज करवाने के भी पैसे नहीं हैं।' और यह . . . हःहःहः! This gives hope . . . 'अगर देश का सबसे ग़रीब मज़दूर "मनरेगा" में लगातार रोज़ मेहनत करे, तो 941 साल के बाद उसके पास भी उतने पैसे बन जायेंगे जितने देश का सबसे अमीर आदमी अपनी ही कंपनी से 15 दिनों की तनख़्वाह

में लेता है।

I am sure कि आप लोग तो कहीं ज़्यादा कमाते होंगे। तो लग जाइये, और देखियेगा कि छः सौ- सात सौ सालों में आप सबका विकास निश्चित है।

उलझन में खाँसते हैं और बियर पीते हैं।

डेढ़-सौ साल पहले मैंने कहा था ना कि, 'पूँजीवाद और वैश्वीकरण — capitalism और globalisation के चलते हमारे देशों की दौलत में असीमित वृद्धि होगी। पर यह दौलत गिनती के हाथों में सिमट कर रहेगी — पूरे समाज तक नहीं पहुँचेगी।' यह देखिये — 'रिज़र्व-बैंक ने उद्योगपतियों के 62 हज़ार करोड़ के क़र्ज़ फिर अपनी बुक्स से साफ़ कर दिये माफ़ कर दिये — जिनमें मेहुल चोकसी भी शामिल।' और यह — 'सरकार ने संसद में माना कि GM फ़सल की बर्बादी से क़र्ज़ ना चुका पाने की वजह से सन 2016 में लगभग 11 हज़ार किसानों ने आत्महत्या की।' पर कमाल की बात यह है पिछले तीन सालों में एक भी किसान नहीं मरा है — कम से कम काग़ज़ों में — क्यूँकि सरकार ने पिछले चार सालों से farmer suicide के आँकड़े छापने ही बंद कर दिये हैं। No news is good news, you know!

कोट उतार कर कुर्सी पर टाँग देते हैं और ख़ुद भी बैठ जाते हैं।

आपने अपने लखनऊ के शायर 'मजाज़' की यह नज़्म पढ़ी है? उसने मेरे ख़्यालों को, मेरी बोरिंग 'सरमाया' यानी दास कैपिटल को इतने शायराना

अंदाज़ में कहा है कि मुझे उससे रश्क होता है:

कलेजा फुंक रहा है और ज़बां कहने से आरी है

बताऊँ क्या तुम्हें क्या चीज़ यह सरमायेदारी है

यह अपने हाथ में तहज़ीब का फानूस लेती है

मगर मज़दूर के तन से लहू तक चूस लेती है

ग़रीबों का मुक़द्दस खून पी-पी कर बहकती है

महल में नाचती है रक्सगाहों में थिरकती है

यह ग़ैरत छीन लेती है हमिय्यत छीन लेती है

यह इंसानों से इंसानों की फ़ितरत छीन लेती है

जी हाँ, बिलकुल यही तस्वीर देखी मैंने आपके शहर में यहाँ आते वक़्त। पर फिर मैंने गोमती पार की और आ गया — गोमती-नगर। यहाँ तो सब कुछ साफ़-सुथरा है, हरा-भरा है, चमचमाता हुआ नया है, खुला-खुला ख़ूबसूरत है — यहाँ तक कि बच्चे ज़्यादा स्वीट हैं, औरते ज़्यादा सुंदर, मर्द ज़्यादा स्मार्ट, well-dressed और impressive. I am sure कि crime रेट भी बहुत कम होगा। हालाँकि आते वक़्त मुझे एक पुलिस की गाड़ी सायरन बजाते भागती दिखी थी। मैं समझ गया कि ज़रूर कहीं किसी हरामी-चिरकुट ने देश की GDP के उस हिस्से से illegaly कुछ चुरा लिया है — जिसे किसी बेचारे मोटे-असामी-अफ़सर-मंत्री ने — policy change करवा कर — बिलकुल

legally चुराया था।

वाह! Market-economy का मायाजाल — जिसमें इंसान सिर्फ़ एक बिकने की चीज़ बन कर रह जाता है और उसकी ज़िंदगी का फ़ैसला वो मक़बूल-महान चीज़ करती है जिसका नाम है 'पैसा — पूँजी — कैपिटल'।

अचानक आसमान से बिजली कड़कती है और मार्क्स इशारा
समझ कर ऊपर की तरफ़ देखते हैं।

हः हः हः! लगता है bureaucrats को बात पसंद नहीं आयी। ज़्यादातर के बंगले यहीं है ना — शायद इसलिए।

कुछ याद आने पर मार्क्स की आवाज़ अचानक मृदु हो जाती है

सोहो के उस छोटे-से फ्लैट में जेनी रोज़ गरम सूप बनाती थी और उबले आलू। पास की बेकरी से हमारा नानबाई दोस्त ताज़ा ब्रेड भेज दिया करता था, पुराने उधार का तक़ाज़ा किये बगैर। हम सब — जेनी, मैं, तीनों बेटियाँ — मेज़ के इर्द-गिर्द बैठ कर खाते और दुनिया भर की घटनाओं पर बात किया करते थे। आयरलैंड का आज़ादी का संघर्ष, यहाँ-वहाँ चल रही जंगें, देश के सत्ताधारी नेताओं की बेवकूफ़ियाँ, विरोध-पक्ष के लीडरों की बचकाना बातें, बिके हुए अख़बारों के विचारहीन एडिटोरियल्स . . . I am sure कि आजकल तो हालात बहुत बदल गये होंगे। हूँ?

और फिर खाने के बाद, मेज़ को साफ़ करके मैं वहीं काम करने बैठ जाता

था। साथ में सिगार और बियर की बोतल, एक तरफ़ मेरी किताबों का ढेर और दूसरी तरफ़ parliamentary reports और दूसरे दस्तावेज़। बस फिर सुबह तीन-चार बजे तक मैं लिखता रहता था। पास ही बैठ कर जेनी मेरे लिखे पन्ने को अपने हाथ से फेयर करती जाती थी। मेरी handwriting समझना ख़ुद मेरे लिए मुश्किल था — क्या कहते हैं, 'लिखे मूसा पढ़े अल्लाह'। पर जेनी पता नहीं कैसे सब समझ लेती थी — मुझे भी, मेरी handwriting भी। बेचारी, कितना दूभर काम होता है किसी और के लिखे को दोबारा लिखना — वो भी बिना किसी मेहनताने के।

कभी-कभी बड़े संकट भी खड़े हो जाते थे। नहीं-नहीं कोई political crisis नहीं, simple विपदाएँ। जैसे मेरी किसी किताब का अचानक आँखों से ओझल हो जाना। इस संकट को सिर्फ़ लिखने वाले ही समझ सकते हैं। या किसी रिपोर्ट से एक पन्ने का गुम हो जाना। एक दिन मुझे मेरी अपनी ख़रीदी डेविड रिकार्डो की किताब नहीं मिल रही थी। तो मैंने झल्ला कर जेनी से पूछा, 'तुमने कहीं रिकार्डो को देखा है?'

वो बोली, 'मतलब *Principles of Political Economy* ना?'

'हाँ बाबा, कहाँ है वो?'

'ओह! मुझे लगा उस किताब का काम ख़त्म हो गया, तो मैंने तो उसे वापस बेच दिया। गोश्तवाला कई दिनों से तक़ाज़ा कर रहा था और बदतमीज़ी पर उतर आया था।'

'बेवकूफ औरत! तुमने खाने जैसी बेज़रूरी चीज़ के लिए मेरी

Principles of Political Economy को बेच दिया?'

'तो? पिछले हफ़्ते मैंने अपनी माँ की दी आख़िरी अंगूठी अपनी बे-फ़ालतू की किताबों के लिए बेची थी, उस दिन तो तुम कुछ नहीं बोले थे। बेशरम!'

हःहःहः . . . ऐसे थी मेरी जेनी . . . सीता की तरह आज्ञाकारी और कैकेयी की तरह ज़िद्दी। होता है, होना पड़ता है औरतों को अक्सर ऐसा — वरना हम मर्द तो उनकी ऐसी-तैसी ही कर दें।

इस तरह हमारी ज़िंदगी चलती थी . . . एक-एक करके हमने घर की सारी चीज़ें बेच डालीं थीं — ख़ास करके जेनी के मायके से आये सारे क़ीमती तोहफ़े। जब सारी महँगी चीज़ें ख़त्म हो गयीं, तो हमने अपने कपड़े बेचने शुरू कर दिये। हःहःहः! एक बार जाड़े में — लंदन की सर्दी पता है ना आपको — मैंने बिना ओवरकोट के काम चलाया। और एक बार सर्दियों में जब मैं घर से निकला तो अचानक महसूस हुआ कि पता नहीं क्यूँ मेरे पैर बर्फ में जमे जा रहे हैं। नीचे देखा तो पता चला कि मेरे पैर में तो जूते थे ही नहीं। होते कहाँ से — कल ही तो मैंने अपने जूते बेच कर कागज़ और स्याही ख़रीदी थी।

उफ्फ्फ़! 15 साल बाद किसी तरह जब *Das Capital* ख़तम हुई तो जेनी ने राहत की साँस ली, बच्चियों को लगा चलो बला टली, और संबसे ज़्यादा ख़ुश हुआ मेरा जिगरी दोस्त एंगल्स। बोला फ़ौरन manuscript छपने के लिए जर्मनी भेज दो। पर मैं ख़ुश नहीं था बल्कि डरा हुआ था। मैंने एंगल्स को लिखा, 'दोस्त, मैंने 15 साल इस एक किताब में लगा दिये और अब मुझे डर लग रहा है। बिलकुल उस

फ्रेंच पेंटर की तरह जो 10 साल तक एक ही कैनवास पर काम करता रहा एक मास्टरपीस बनाने में। पर जब वो पेंटिंग लोगों ने देखी, तो कहा — "इस बकवास में तुमने 10 साल ख़राब कर दिए अपने?" पेंटर ने यह सुन कर आत्महत्या कर ली थी। — कहीं ऐसा तो न होगा मेरे साथ, मेरी ज़िंदगी भर की "पूँजी" के साथ?' पर एंगल्स ने हिम्मत दी। और जब *Das Capital* छप कर आयी तो हम सब की ख़ुशी का ठिकाना न था। जेनी ने कहा मैं तो पार्टी करूँगी। 'कहाँ से? घर में ना ढंग के बर्तन बचे हैं, ना कोई किरानेवाला पंसारी उधार ही दे रहा हैं हमें आजकल।' पर तभी एक फ़रिश्ता आया — एक एंजेल . . . और कौन, एंगल्स। उसने हमें इतने पैसे दिये कि हम अपने सारे पुराने बर्तन-भांडे-क्रॉकरी-चम्मच-छुरी-कांटे गिरवी-गाँठ से वापस छुड़ा लाये। एंगल्स दोस्त नहीं था — मेरा friend-philosopher-guide-guardian सब कुछ था। समझ लीजिए, एंगल्स नहीं होता तो — न *Communist Manifesto* होता, न *Das Capital* और ना मार्क्स।

आदमी नहीं संत था वो, हालाँकि उसके पिता कई मिलों के मालिक थे मेनचेस्टर में . . . जहाँ उसने पूँजीवाद की बर्बर वीभत्सता को बड़े करीब से, अपनी आँखों से देखा था। पर उसी पूँजीवाद को उखाड़ फेंकने के सपने देखने वाले अपने दोस्त का वो सबसे बड़ा यार था। मेरी बेटियाँ तो कहती थीं, 'बीमारी में मूर पर कोई दवा उतना असर नहीं करती — जितना एंगल्स अंकल का साथ।' हः हः हः ! अगर हमारे घर का पानी कटा या गैस बंद की गयी या हमारे फाक़े करने की नौबत आयी तो एंगल्स पता नहीं कहाँ से अवतरित होकर हमारा संकट-मोचन बन जाता था। एक तरह से — पूँजीवाद ही साम्यवाद की सहायता कर रहा था। हः हः हः !

Dialectics — again।

हालाँकि बेचारा एंगल्स — इतने अमीर घर से आया था — कि हरदम हम ग़रीबों की ज़रूरतों को समझ पाना उसके लिए मुमकिन ही नहीं था। हमें जब रोटी ख़रीदने के लाले पड़ रहे होते थे, तो वो अचानक हमारे लिये वाइन के क्रेटस के क्रेटस भेज देता था। एक बार बड़े-दिन पे जब हम लोगों के पास Christmas tree खरीदने के पैसे नहीं थे — एंगल्स आधा-दर्जन champagne की बोतलें लेकर चला आया। सो हमने भी कुछ किताबें का ढेर बनाकर उसे ही Christmas tree मान लिया और उसी के इर्द-गिर्द घेरे में बैठ कर Christmas carols गाने शुरू कर दिये।

A day or two ago

I thought I'd take a ride

And soon, Miss Fanny Bright

Was seated by my side

The horse was lean and lank

Misfortune seemed his lot

He got into a drifted bank

And then we got upsot

मुझे पता है यहाँ बैठे मेरे leftist-क्रांतिकारी दोस्त क्या सोच रहे हैं।

मार्क्स — अनीश्वरवादी-नास्तिक मार्क्स — क्राइस्ट का जन्मदिन मना रहा था — of Jesus? — who was son of God?

ठीक है, दोस्तो, मैंने कहा है कि — 'धर्म आम-जनता के लिए अफ़ीम है।' पर यहाँ मौजूद कितने लोगों ने पूरा वो वाक्य पढ़ा है? हाथ उठाइए . . . . चलिए, मैं बताता हूँ। मैंने लिखा था, 'धर्म शोषित-दमित कामगारों की कराह है, इस निष्ठुर-बेदिल दुनिया में एक पसीजता हुआ दिल है, निर्दयी संसार में दया का भाव, यह आम-जनता के लिए अफ़ीम है।' सच है कि अफ़ीम किसी बीमारी का इलाज नहीं होती। पर दर्द के लिए मरहम तो हो सकती है।

कुछ सोच कर सर हिलाते हैं।

मुझसे पूछिए ना दर्द के बारे में। मैं और मेरी बवासीर . . . . ह:ह:ह: कभी-कभी मुझे लगता है जैसे पूरी दुनिया को बवासीर हो गयी है। सब इतने टेंशन में रहते हैं, चिढ़े-चिढ़े से — जैसे उनके छाले बस अभी फटने वाले हैं। अरे छालों का फटना उतना बुरा नहीं होता जितना कि छालों का टाइम-बॉम्ब की तरह टपकते रहना।

बेचारी जेनी। कैसे उसने जल्दी-जल्दी सारी गृहस्ती बटोरी और हम अपनी दो बेटियों येनिकेन और लॉरा को लेकर भागे थे समन्दर पार बेल्जियम से। और यहाँ आकर लंदन में हमारे तीन और बच्चे हुए — सोहो की डीन स्ट्रीट के सर्द अँधेरे फ्लैट में। कैसे जेनी दिन-रात लगी रहती थी कि किसी तरह बच्चों को कोई तकलीफ़ ना हो। . . . पर धीरे-धीरे कैसे उसने तीन-तीन बच्चों को तड़प-तड़प कर मरते हुए देखा।

गाईडो ने अभी चलना भी नहीं शुरू किया था . . . और फ्रांचेस्का —
सिर्फ़ एक साल की हुई थी . . . मुझे डबलरोटी वाले से तीन पौंड उधार
लेने पड़े थे — उसके कफ़न के लिए। और मूश . . . वो आठ साल तक
रहा हमारे बीच . . . पर शायद शुरुआत से ही कुछ ग़लत था उसके साथ।
उसका सर तो बहुत ख़ूबसूरत बड़ा था . . . पर बाकी बदन जैसे बढ़ ही
नहीं रहा था उम्र के मुताबिक़। जिस रात वो मरा, हम सब उसके इर्द-गिर्द
लेटे रहे ठंडे फर्श पर सारी रात . . . तब सुबह जाकर क़फन-दफ़न का
सिलसिला शुरू हुआ।

इसीलिए, जब एलेनोर पैदा हुई तो हम सब बहुत डरे हुए थे। हःहःहः !
पर वो छुटंकी तो सबसे धाकड़ निकली। जल्दी ही वो अपने बड़ी बहनों
की दीदी नहीं दादी बन गयी थी। आठ साल की उम्र में ही वो क्रांतिकारी
बनाना चाहती थी और नौवें साल में उसने अमेरिका के प्रेसीडेंट लिंकन
को एक धुआँधार ख़त लिख डाला — कि उन्हें दक्षिणपंथियों के ख़िलाफ़
युद्ध जीतने के लिए क्या कुछ करना चाहिए। वो मेरे हाथ से सिगार लेकर
सुट्टा मारती और गिलास लेकर बियर की चुस्की — और फिर दौड़ कर
अपनी गुड़ियों से खेलने चली जाती। वैसे तो एक बाप को अपने बच्चों में
भेद करने का कोई हक़ नहीं होता, पर सच कहूँ एलेनोर मेरी सबसे चहेती
थी। एक बार मैंने जेनी से कहा, 'सुनो ! तुम्हें नहीं लगता अपनी एलेनोर
कुछ अजीब है ?' तो जेनी बोली, 'कार्ल मार्क्स के बच्चे अजीब नहीं होंगे
तो और किसके होंगे ?'

लंदन में हमारे पास रुपये-पैसे हों या ना हों, पर हम लोग पिकनिक करने
ज़रूर जाते थे। घंटा ढेढ़ घंटा पैदल चलकर हम लोग दूर किसी पार्क या

शहर के बाहर किसी बाग़ में चले जाते। लेंचेंन चाय, फल, ब्रेड, पनीर और बियर डलिया में भर लेती और निकल पड़ते हम लोग हर संडे। लेंचेंन यानी . . . अभी बताता हूँ आपको उसके बारे में। पिकनिक पर हम लोग तरह-तरह के खेल खेलते थे — physical भी, mental भी। जैसे एक बार हम सब ने पहेलियाँ बनायीं। बच्चियों ने मेरे लिए प्रश्न-पत्र बनाया और मुझसे जवाब पूछने लगीं — 'आपको इंसान में क्या चीज़ पसंद है? सादगी! आनंद किसे कहते हैं? संघर्ष करने को! दुःख क्या है? परिस्थितियों के आगे समर्पण! आपका मनपसंद काम? किताबें चाटना! आपका मनपसंद रंग? सुर्ख-लाल!'

आपके पास पैसा-धेला हो या ना हो बच्चों को तो मौज-मस्ती-छुट्टी मिलनी ही चाहिए ना। एक बार मैंने मकान मालिक को पटा कर किराया देना टाल दिया और उस पैसे से बच्चियों को फ़्रांस के समंदर किनारे भेज दिया सैर करने। इसी तरह एक बार मैंने किरानेवाले-पंसारी को समझाया कि इस महीने बिलकुल पैसे नहीं हैं और फिर उस पैसे से बच्चियों के लिए एक पियानो ले आया। संगीत-कला-कविता-नाटक के बिना ज़िंदगी कोई ज़िंदगी होती है?

मैं रोज़ शाम बच्चियों को शेक्सपियर पढ़ कर सुनाया करता था और एस्केलस, दांते, गेटे, और शिलर। एलेनोर ने तो अपने कमरे को शेक्सपियर म्यूज़ियम में तब्दील कर लिया था। *Romeo and Juliet* बहुत पसंद था उसे और वो मुझसे बार-बार रोमियो की वो लाइनें सुनाया करती थी — जो वो जूलिएट को पहली बार बालकनी पे देख के बोलता है:

The brightness of her cheek would shame those stars

As daylight doth a lamp. Her eye in heaven

Would through the airy region stream so bright

That birds would sing and think it were not night.

एलेनोर शतरंज में भी मुझे हरा देती और बहस में लाजवाब कर देती थी। एक बार वो मुझसे बोली, 'मूर!' हःहः! मेरे काले रंग की वजह से सब करीबी लोग मुझे 'मूर-हब्शी' ही बुलाते थे। तो एलेनोर बोली, 'मूर, दादाजी ने — आठ साल की उम्र में चर्च में आपका बप्तिस्मा करवाया, मगर उससे पहले चुपचाप घर पर वो आपका यहूदी ख़तना भी करवा चुके थे — तो आप क्या हुए क्रिश्चियन या ज्यू?' 'अरे, मैं इंसान हूँ बस, जो किसी मज़हब को नहीं मानता।' उस लड़की को किसी भी चीज़ पे खुल कर बात करने में शर्म भी नहीं आती थी। पंद्रह साल की उम्र तक तो वो पूरी क्रांतिकारी बन चुकी थी और आयरलैंड की स्वतंत्रता के लिए ख़ुद अपने देश इंग्लैंड के ख़िलाफ़ आंदोलनों में हिस्सा लेने लगी थी। आइरिश स्वतंत्रता संग्राम की कहानियाँ उसने सुनी थीं — लिज्ज़ी से। लिज्ज़ी यानी एंगल्स की प्रेमिका।

लिज्ज़ी एंगल्स के पिता के एक मिल में मज़दूर थी और पढ़ना-लिखना बिलकुल नहीं जानती थी। एंगल्स किताबों का कीड़ा था, जो नौ ज़बानें बोल लेता था। आप कहेंगे ऐसे बेमेल जोड़े में common क्या था?

— प्रेम ! एक दूसरे से ही नहीं, पूरी दुनिया से, ख़ास कर के दुनिया के दबे-कुचले-ग़रीब-गुलाम-मज़लूम लोगों से। लिज्ज़ी आइरिश आंदोलन में बहुत सक्रिय थी। और जब भी एलेनोर उससे मिलने जाती, लिज्ज़ी रात-रात उसे आयरलैंड के बहादुर जांबाजों की कहानियाँ सुनाया करती थी। और फिर एक शाम . . . हमारे सोहो के बीचों-बीच ब्रिटिश सरकार ने दो आइरिश जवानों को फाँसी पर लटका दिया। आसपास के घरों दुकानों में बैठे अंग्रेज अपनी हाई-टी पीते-पीते इस खुली सार्वजानिक फाँसी को cheer कर रहे थे। एलेनोर रात भर सो नहीं पायी, बिस्तर पर बेचैन बार-बार चौंक-चौंक कर उठती रही। हः ! दो जवानों को बीच चौराहे पर सिर्फ़ इसलिए मार डाला गया क्योंकि वो अपने देश की आज़ादी चाहते थे। हः !

मैं आपको क्यूँ बता रहा हूँ यह सब। आपके इंडिया ने तो — ना जाने कितने ऐसे नौजवान देखे हैं। वो भगत सिंह, वो तो वहाँ भी मुझसे मेरी चीज़ों को समझने की ज़िद किया करता है। कहता है, 'आख़िरी दिन लेनिन की वो किताब पूरी पढ़ पाता तो शायद आपको तंग करने की ज़रूरत ना पड़ती, बाबे मारकस !' हःहः ! बड़ा शैतान बच्चा है, और बड़ा शार्प और handsome। अगर मेरी एलेनोर ने उसे देखा होता तो ज़रूर उसके प्यार में पड़ जाती। 15 साल की उमर से ही वो हर handsome लड़के के प्यार में पड़ जाती थी। राजनीति में जितनी तेज़ थी — इश्क़ में उतनी घामड़। अपने सोलहवें साल में ही एलेनोर पेरिस के प्रोस्पेर-ओलिविए-लिज़ागरे के प्यार में पागल हो गयी थी। लिज़ागरे ने अपनी जवानी में पेरिस-क्रांति में हिस्सा लिया था और फिर उस क्रांति का इतिहास भी लिखा। जब उसे देश-निकाला मिला तो वो भी लंदन चला

आया था। उसकी किताब का अनुवाद करते-करते दोनों में मोहब्बत हो गयी। वो जैसा भी था कम-अज़-कम फ्रेंच तो था — stylish, polished, trying to be romantic। मझली येनीशेन को पसंद था एक अंग्रेज लड़का। अब अंग्रेज मर्द तो बिलकुल अंग्रेज़ी खाने की तरह होते हैं — बेस्वाद, बे-मसाला, bland। दूसरी तरफ था लॉरा का आशिक़ ल-फ़ार्ग। उसका प्यार जताने का अंदाज़ सबसे बेहूदा था। बात-बात पे वो लॉरा को खींच कर चिपटा लेता और उसके . . . [*अपने नितम्ब को छूकर*] यहाँ अपना हाथ फिराता रहता। मुझे बड़ा ताव आता था उसकी इस हरक़त पर। ऐसे में जेनी मुझे समझाती, 'देखो ना, उस बेचारे का खानदान क्यूबा से फ्रांस आया है और इसलिए उसमें लातिनी और फ्रेंच आदतें घुल-मिल गयीं हैं।' लातिनी आदतें। जैसे क्यूबा में हर आशिक अपनी महबूबा के पिछवाड़े में हाथ घुसेड़े फिरता है। हः ! आआअआह !

अचानक उन्हें बवासीर का दर्द उठता है।

जेनी बेचारी ज़िंदगी भर, मुझे समझा कर, मेरे ताव को ठंडा करने में लगी रहती थी। पर वो भी कुछ ना कर पायी मेरे बवासीर के ताव का। [*बवासीर की सोच कर ही मुँह बनाते हैं*] आपमें से किसी को बवासीर हुई है? इससे ज़्यादा मनहूस कोई बीमारी नहीं हो सकती है। बहुत कम उम्र से यह मेरे पिछवाड़े में घुसी हुई है। कुछ उल्लू के पट्ठों ने तो मेरे सारे फ़लसफ़े को मेरे दर्द के ज़रिए समझने की कोशिश की — और लिखा, 'मार्क्स दुनिया और पूँजीवादी व्यवस्था से इसलिए नाराज़ है क्यूँकि उसे बवासीर है।' गधे। बाक़ी और क्रांतिकारी, दार्शनिकों और इंक़लाबियों के

बारे में उनकी क्या diagnosis है जिन्हें बवासीर नहीं है?

ये लोग विद्रोहियों को समझने के लिए हमेशा कोई न कोई मनोविज्ञानिक कारण ढूँढने की कोशिश करते हैं। फ़लांना इसलिए बाग़ी बन गया क्योंकि बचपन में उसका बाप उसे बेरहमी से पीटता था। ढिमकाना इसलिए विद्रोही हो गया क्योंकि उसकी सौतेली माँ उसे सताती थी। दहिमाना इसलिए rebel बन गया क्यूँकि उसे हमेशा से कब्ज़ रहता था। लगता है जैसे शोषण के ख़िलाफ़ आवाज़ उठाने वाले हर इंसान को कोई न कोई रोग या मनोरोग होना ज़रूरी है। हर तरह के बहाने बनायेंगे ये लोग पर यह सीधी-सी बात नहीं मानेंगे कि — पूँजीवादी व्यवस्था में, इंसान के ख़िलाफ़ रचा-बसा दमन-शोषण, किसी भी सोचने-समझने वाले इंसान को बाग़ी बनाने के लिए काफ़ी है।

गुस्सा शांत करने के लिए बियर का बड़ा घूँट लेते हैं।

उफ्फ्फ्फ़! शायद मेरे गुस्से की वजह से मेरे पाइल्स में और आग लग जाती है। ज़रा कभी कोशिश कीजिएगा कुर्सी पर — कैक्टस के कांटे रख कर — उन पर बैठने और फिर, कई घंटों काम करने, और लिखने की। हः! यह मत कहिएगा मैंने डॉक्टरों से सलाह क्यों नहीं ली। इन डॉक्टरों को कक्ख नहीं मालूम है पाइल्स के बारे में। वो क्या कहते हैं आपके यहाँ — 'जिसके पैर न फटी बिवाई — वो क्या जाने पीर पराई!' और यहाँ तो एड़ियाँ नहीं — कुछ और फटने का मामला है। आधी रात मैं *Capital* की वजह से जागा रहता और बाकी इस अर्श-रोग से। जी हाँ इसे 'अर्श' भी कहते हैं — जो बड़े-बड़ों को फर्श पर ले आता है। ख़ैर, आख़िर मैंने ख़ुद इलाज ढूँढा। जानते हैं क्या? पानी, गरम

पानी की सेंक। जेनी पानी उबाल कर उसमें तौलिया डूबा कर मेरे —
मतलब यहाँ — लगाया करती थी। आधी रात को लिखते-लिखते अगर
मैं दर्द से कराहा तो जेनी फ़ौरन उठ जाती, मैं पतलून नीचे सरकाता और
वो मुझे सेंक देने लगती थी। अगर कभी जेनी की नींद ना खुली — या
वो अपने मायके गयी होती — तो लेंचेंन यह काम करती थी।

रुक कर कुछ सोचते हैं।

हाँ, लेंचेंन। हमारी नौकरानी . . . . अब बताइए, यहाँ हम लोग ग़रीबी में
दिन गुज़ार रहे हैं, ख़ुद हमारे खाने का ठिकाना नहीं है और ऐसे में जेनी
की माँ हमारे लिए एक नौकरानी भेज देती हैं — बच्चियों की देखभाल
करने के लिए। अरे बच्चियों को छोड़िए, नौकरानी की देखभाल कौन
करेगा? हमारे घर का एक-एक फर्नीचर गिरवी रखा जा चुका था —
सोफ़ा, मेज़, स्टूल्स, कुर्सियाँ — एक मेरी वाले को छोड़ कर — और
वहाँ मेरी सासू जी हमारे लिए नौकरानी भेज देती हैं। यही होता है रईस
ज़मींदारों के घर में शादी करने पर। हमारे पास रोटी खाने का पैसा नहीं
है, और वो लोग आपके लिए चाँदी के चम्मच-कटोरियाँ भेज देते हैं। अब
चाँदी की कटोरियों में खाने लायक तो हमारे पास कुछ होता नहीं था, तो
हम कटोरियाँ ही खा जाते थे — बेच कर। और हाँ, नौकरानी का कम-
से-कम एक अच्छा इस्तेमाल हो जाता था। बर्तन-भांड़े-कटोरियाँ गिरवी
रखने उसी को भेजा जाता था और हमारी 'इज़्ज़त' बाज़ार में बिकने से
बच जाती थी।

असल में लेंचेंन को नौकरानी कहना ग़लत होगा। वो जेनी के मायके से
आयी थी और उसकी छोटी बहन की तरह थी। बच्चियों से उसे बहुत

प्यार था और बच्चे भी हमसे ज़्यादा उससे हिले हुए थे। अगर कभी जेनी की तबीयत नासाज़ हुई — तो वो रात-रात भर उसकी सेवा करती। वो असल में हमारे घर की धुरी थी। पर हाँ, कभी-कभी उसकी वजह से थोड़ा टेंशन भी हो जाया करता था — जेनी और मेरे दरमियान। आखिर कुछ भी कहो — लेंचेन भी एक औरत थी ना?

'सुनो, आज सुबह मैंने देखा कि तुम उसकी तरफ़ बड़े ग़ौर से देख रहे थे?'

'किसकी तरफ़, यार?'

'इतने भोले मत बनो। लेंचेन की तरफ़ और किसकी तरफ़। मेरी तरफ़ तो तुमने देखना ही बंद कर दिया है, मेरी चेचक के बाद से। तुम लेंचेन की तरफ़ देख रहे थे, और बड़े अजीब ढंग से।'

'उफ्फ्फ्फ़! किस ढंग से?'

'वैसे ही — जैसे एक मर्द एक औरत की तरफ़ देखता है। भूखी नज़रों से।'

'हाँ शायद उस वक़्त मैं भूखा रहा होऊँगा।'

'झूठ मत बोलो। तुम तब तक नाश्ता कर चुके थे।'

उफ्फ्फ्फ़! आप बताइए, ऐसे तर्क से कोई पुरुष कभी जीत पाया है — भले वो तर्क-शास्त्र में डॉक्टरेट क्यों ना हो। मैं चुपचाप डाँट सुन लेता, गुस्सा पी लेता, और जितनी जल्दी हो सके अपना बैग लेकर निकल लेता — नीचे अपनी गंदी-मैली-बदबूदार गली में। फिर मौसम ठीक होने तक

वहीं टहलता रहता था गूं-गोबर-गंदगी के बीच। *Capital* के लेखक की, सरमायेदारी की सबसे कट्टर भर्त्सना करने वाले की — 'पूँजीवाद' के पाखाने में ही सड़ते रहने से बड़ी विडम्बना क्या हो सकती थी?

मगर जेनी को मेरे यूँ कीचड़ में गोते लगाने पे कभी तरस नहीं आता। वो कहती, 'तुम्हारी *Capital* पढ़ना भी उतना ही दूभर है।' जेनी मेरी सबसे अच्छी दोस्त थी और सबसे ख़तरनाक आलोचक। और *Das Capital* से — जिसे उसने रात-रात जाग कर मेरे साथ लिखा था — उसे बड़ी परेशानी थी — असहमति थी।

मेज़ से Das Capital किताब उठाते हैं।

उसे लगता था कि इस किताब की शुरुआत में ही पाठक — 'वस्तु या पण्य, यानी commodity' — 'उपयोग-मूल्य' — use-value, 'विनिमय-मूल्य' — यानी 'exchange-value' — जैसे शब्द पढ़ते ही बोर हो जायेंगे। वो कहती, 'तुम्हारी यह किताब — ना सिर्फ़ ज़रूरत से ज़्यादा लंबी, बेहद मोटी, बिला-वजह के विस्तार और विवेचना से भरी है — बल्कि सरासर नीरस, बोझिल और बोरिंग भी है।' . . . बताइए!? . . . अब आप समझे कि बहुत से लोग — छप्पन इंच की छाती वाले भी — राजनीति में आने से पहले ही अपनी बीवियों को क्यों छोड़ देते हैं? आपके कठोरतम आलोचक आपको बख़्श सकते हैं, मगर यह औरतें . . . ? कभी नहीं!

ऊपर से, वो मेरे घावों पे नमक छिड़कती, और कहती, 'मेरी छोड़ो, याद है तुम्हारे ट्रेड यूनियन वाले दोस्त पीटर फॉक्स ने क्या बोला था, जब तुमने

उसे *Capital* भेंट की थी — साइन-वाइन करके? उसने कहा था। 'शुक्रिया मार्क्स! दोस्त आज मुझे ऐसा लग रहा है — जैसे किसी ने मुझे तोहफ़े में हाथी दे दिया हो।'"' हः हः! हाsssथी। जेनी को सचमुच लगता था — जैसे मैंने तीन बच्चियों के साथ एक हाथी भी पैदा कर दिया हो।

मैं उसे समझाने की कोशिश करता कि देखो यह कोई *Communist Manifesto* नहीं है, जो सब के लिए लिखा गया था — आम लोगों के लिए। *Capital* इतिहास-दर्शन-समाज और अर्थशास्त्र के विवेचन की critique की किताब है।

'होने दो विवेचना की किताब, पर इसमें वो बात ही नहीं है जो *Manifesto* में थी। *Manifesto* संगीत था, कविता थी, *Capital* में कोई ख़ूबसूरती नहीं है।' और इतना कहकर वो *Manifesto* की लाइनें सुनाने लगती, '"एक प्रेत आज यूरोप के सर पर मंडरा रहा है — साम्यवाद का प्रेत। बूढ़े यूरोप की सारी शक्तियाँ एक होकर इस भूत झाड़ने की जुगत लगा रही हैं। पोप, त्ज़ार, ऑस्ट्रिया के रजवाड़े, फ्रांस की सरकार, फ्रेंच सुधारवादी, और जर्मन ख़ुफ़िया पुलिस के पिट्टू।" यह हुई ना बात — जिसे सुनते ही कान ही नहीं रोंगटे भी खड़े हो जाते हैं। "सारे संसार और समाज का इतिहास असल में वर्ग-संघर्ष का ही इतिहास है।" . . . अब बताओ? इसके बर-ख़िलाफ़ पूँजी का पहला पन्ना खोल के पढ़ लो। लोग सो जायेंगे एक मिनट में बोर होकर!'

हार कर मैंने कहा, 'माना *Capital* ज़रा मुश्किल है, कहीं-कहीं नीरस और थोड़ी बोरिंग है . . . पर . . . '

'पर क्या? कोई चीज़ या तो बोरिंग होती है या बोरिंग नहीं होती है . . .

यह थोड़ी-थोड़ी बोरिंग नाम की कोई चीज़ नहीं होती। दूसरी बात यह है कि ऐसी किताब से — क्या तुम अपनी बात उन मज़लूम लोगों तक पहुँचा पाओगे — जिनके लिए इसे समझना सबसे ज़्यादा ज़रूरी है?'

एक दिन वो बोली, 'तुम्हें पता है ना कि सेंसर वालों ने तुमारी Capital को क्यूँ बे-रोकटोक छपने दिया?' 'नहीं! शायद उन्हें भी अच्छी लगी होगी मेरी किताब।' 'हुंह:! असल में उन्हें समझ में ही नहीं आया कि किताब में लिखा क्या है। तो उन्हें लगा कि जब हम नहीं समझे तो और कोई क्या समझेगा? वैसे भी सारे अफ़सर ख़ुद को संसार का सबसे अक़्लमंद प्राणी समझते है।' Now this was hitting below the belt — मेरे लिए भी और अफ़सरों के लिए भी।

मैंने भी जवाबी हमला किया, 'तुमने देखा नहीं है क्या — कि कितने अच्छे रिव्यू मिल रहे हैं मेरी किताब को अख़बारों में?'

'पता है। उनमें से तीन-चौथाई तो ख़ुद तुम्हारे दोस्त एंगल्स ने लिखे हैं।'

फहृहृह:! प्च्चच्! करना पड़ता है भाई। अपनी रचना की तारीफ़ कभी-कभी ख़ुद ही करनी पड़ती है। आपके गोस्वामी तुलसीदास जी ने — हाँ हमारी मुलाक़ातें होती रहती हैं वहाँ — क्या लिखते हैं वो अपने चालीसा में —

　　जो यह पढ़े हनुमान चालीसा, होए सिद्ध साखी गौरीसा!

तुलसी बाबा भी तो ख़ुद अपने लिखे की तारीफ़ कर रहे हैं ना — वो भी रचना के अंदर ही? . . . नहीं है यह उनकी अपनी तारीफ़? . . . . हः हः हः . . . . तुलसी मुझे पंडितजी कहते हैं और मैं उन्हें बाबा। एक बार जब मैंने

बाबा के कहने पर उन्हें अपने दर्शन का सार समझाया, तो वो बोले, 'यह तो आपने मेरे मन की बात लिख दी पंडित जी? मैंने तो स्वयं लिखा है,

दया धरम को मूल है, पाप मूल अभिमान!

तुलसी दया ना छोड़िये, जब तक घट में प्राण!'

What a poet and story teller? Brilliant! तुलसी बाबा! Anyway . . .

जब मुझसे जेनी के ताने और नहीं सहे गये तो मैं बोला, 'तुम आजकल मुझसे चिढ़ी हुई हो, इसीलिए मेरी किताब पर अपनी खुन्नस निकाल रही हो!' तो वो तुनक कर बोली, 'तुम मर्दों को ना, लगता है तुम हर काम में परफेक्ट हो। और अगर कभी किसी ने तुम्हारे काम की आलोचना की तो तो तुम लोग हमेशा उसके पीछे कोई और अर्थ ढूँढने लगते हो। हाँ मैं तुमसे नाराज़ हूँ। पर वो एक अलग मसला है, और तुम्हारी किताब की आलोचना एक अलग बात।'

उन दिनों वो सचमुच मुझसे नाराज़ थी। मेरी ही ग़लती थी — शायद। और मैं समझ भी नहीं पा रहा था कि उसे कैसे मनाऊँ। असल में अगर philosophy, political economy, history को छोड़ दें तो बाकी हर मामले में जेनी मुझसे कहीं ज़्यादा mature थी। उमर में भी। मैं सत्रह साल का था जब उससे मिला था और वो उन्नीस की। बला की हसीन लड़की थी। ऊदा रंग, सुनहरे बाल, बड़ी-बड़ी काली आँखें . . . बहुत बड़े संभ्रांत और अमीर ज़मींदारों के खानदान की लड़की। मैं उन दिनों कविता करता था। जेनी को देखा तो लगा ग्रीक-दर्शन-फर्शन छोड़

कर शायर ही बन जाऊँ। पता नहीं क्यों मैं उसके घरवालों को भा गया था।

हालाँकि हमलोग बहुत मध्यवर्गीय परिवार के थे। उसके पिता से Greek philosophy को लेकर मेरी लंबी चर्चाएँ हुआ करती थीं। मैं तब तक अपनी PhD की थीसिस लिख चुका था — Democritus और Heraclitus पर। सुकरात से बहुत पहले हुए इन philosophers में से एक को यूनानी लोग 'हंसतु-फ़लसफ़ी' कहते थे और दूसरे को 'रोअन्तू-दार्शनिक'। Democritus ने सौंदर्यशास्त्र के अलावा विज्ञान पे बहुत काम किया था और आप के ऋषि-कणाद की तरह ही, उसका कहना था कि — 'अणु ही सारे संसार का, हर पदार्थ का, जीवन का आधार है, बाकी सब बकवास!' और Heraclitus दुनिया की सारी ठोस बुनियादों को हिलाते हुए कहता था, 'सनातन? सिर्फ़ एक चीज़ सनातन है — परिवर्तन। सब कुछ पानी की तरह बहता रहता है। आप कभी एक नदी में दोबारा नहीं नहा सकते — क्योंकि उसका जल हर क्षण नित-नवीन होता रहता है।' वाह! दुनिया भर के फ़लसफ़ियों को पढ़ कर एक बात मुझे समझ में आने लगी थी कि — 'अब तक सारे दार्शनिकों ने संसार को समझने और उसका विश्लेषण करने का काम किया है, जबकि ज़रूरत है संसार को बदलने की!'

जब जर्मनी से जिलावतन किया गया तो मैं पेरिस चला आया और सोचने लगा — शायद अब जेनी से मेरी मुलाक़ात कभी नहीं होगी। पर वो मेरे पीछे-पीछे चली आयी और वहीं मोमार्त की सीढ़ियों के सामने हमने शादी कर ली। पेरिस में हमारे पास भूंजी भांग भी नहीं थी, पर हम बहुत ख़ुश

थे। हमारी जेबें खाली थीं पर दिल प्यार और जोश से भरे थे। हर रोज़ दोस्तों के यारों के झुण्ड-के-झुण्ड किसी कैफ़े में मिला करते थे। सबके सब कड़के, पर दिल के अमीर। वो लम्बा-तड़ंगा रीछ जैसा anarchist बाकुनिन, सुंदर-सुडौल-कविमना-नास्तिक एंगल्स, वो शायर-संत हाइन, दुनिया से बिलकुल बेमेल स्टर्नर और प्रौद्योन जो कहता था, 'जायेदात = चोरी का माल!' — जबकि मन ही मन हर अच्छी जायेदात देख कर लार बहाता रहता था। एक बात जान लीजिए। पेरिस में — अगर आप ग़रीब हों — आपके धेला ना हों — तो भी आप अमीर महसूस कर सकते हैं। पर लंदन में . . . अगर आप ग़रीब हैं और आपके पास पैसे नहीं हैं — तो समझिए, आप इंसान ही नहीं हैं।

बेचारी जेनी इतना तो समझ चुकी थी कि उसका पति और मर्दों की तरह कभी नौकरी-वौकरी तो नहीं कर पायेगा। ऐसा नहीं कि मैंने कभी कोशिश नहीं की नौकरी ढूँढने की। एक बार मैंने रेलवे विभाग में क्लर्क के पद के लिए अर्ज़ी भेजी — अपने सारे certificates के साथ। हफ़्ते भर के अंदर मेरे पास जवाब आ गया, 'आदरणीय डॉक्टर कार्ल हेनेरिक मार्क्स, हमारे विभाग में नौकरी के लिए आपका प्रस्ताव पाकर हम धन्य हुए। किंतु रेलवे के इतिहास में आज तक कभी कोई विद्वान PhD डॉक्टर क्लर्क के पद पर स्थापित नहीं हुआ है। दूसरी बात यह कि क्लर्क का काम कर रहे व्यक्ति की handwriting स्पष्ट होना अत्यंत आवश्यक है। अतः बड़े दुखी मन से हमें आपका प्रस्ताव अस्वीकार करना पड़ रहा है। सादर . . . वगैरह वगैरह!' हःहःहः! दुनिया ऐसी ही है। आप क्या लिख रहे हैं से ज़्यादा मायने इस बात के हैं कि आप कैसी handwriting में लिख रहे हैं। मैं क्या लिखता हूँ — से ज़्यादा

मूल्यवान है कि मैं कैसा दिखता हूँ।

इसीलिए बेचारी जेनी मेरे लिखे को अपनी साफ़-सुथरी लेखनी में दोबारा लिखती थी। वो ख़ुद अच्छी लेखिका थी और जब मौक़ा मिले नाटकों की समीक्षा लिखा करती थी। वैसे उसे मेरा लेखन पसंद था, पर उसका ऐतराज़ यह हुआ करता था कि मेरा सारा लेखन दिमाग़ से होता है दिल से नहीं। 'अपनी विद्वता की ऊँची अटारी से कभी-कभी नीचे भी उतर आया कीजिए, डॉक्टर मार्क्स!' — वो मुझे चिढ़ाती थी। वो चाहती थी कि 'surplus value' यानी 'मज़दूर की मेहनत से किसी वस्तु के चढ़े मूल्य — और उसकी वजह से उद्योगपति के बढ़े मुनाफ़े' के सिद्धांत को मैं कुछ इस तरह समझाऊँ कि एक आम, बिना पढ़ा-लिखा मज़दूर भी आसानी से यह बात समझ सके। मेरा लिखा पढ़ कर अक्सर वो कहती, 'नहीं, नहीं, यह सब बकवास है। इसे कुछ इस तरह से कहिये — "दिन में 100 रुपये की दिहाड़ी पाने वाला एक मजदूर, जब सौ रुपये के चमड़े से एक जूता बनाता है — तो वो 1,000 रुपये में बिकता है। मजदूर तो दिन में पाँच जूते बनाकर भी सिर्फ़ 100 रुपये ही बनता है, पर उसका मालिक बैठे-बैठे 4,000 रुपये बना लेता है। इस तरह पूँजीपति मालिक तो अमीर होता जाता है, पर मज़दूर ज़िंदगी भर ग़रीब का ग़रीब ही बना रहता है।"' हाँsss मैंने अपनी बात को इस तरह नहीं लिखा, पर इसका यह मतलब थोड़ी ना हुआ कि मेरा लिखा बकवास है? मेरे लिखे को — भले कम लोग पढ़ और समझ पाते हों, पर मेरा लिखा सत्य है, और रहेगा — जब तक यह दुनिया बदल नहीं जाती।

. . . एक बात बताइए, पिछले साल इंडिया में किसानों ने अनाज पैदा करने के सारे रिकॉर्ड तोड़ दिये। इसका मतलब यह हुआ कि किसान तो

बहुत ख़ुश होंगे और-और ज़्यादा लोग शहर छोड़ कर किसान बनना चाह रहे होंगे? क्या ऐसा हो रहा है? शायद आप में से कुछ लोग गोमती-नगर छोड़ कर जुग्गौर और बिल्हौर शिफ्ट करना चाहते होंगे खेती-किसानी करने के लिए? मारुति की कारें, कोरोना के बावजूद, सबसे ज़्यादा संख्या में बिकीं — तो क्या बरसों से वहाँ काम करने वाले मनेसर के मजदूर ख़ुद की मारुति कार में बैठ कर कारखाने आते हैं? *Das Capital* में मेरे लिखे सिद्धांत उस वक़्त भी सच थे, और आज डेढ़-सौ साल बाद भी खरे हैं।

पर जेनी कहती, 'बुद्धिजीवियों को छोड़ो — श्रमजीवियों से, कामगारों, किसानों, मज़दूरों से बात करो। कभी-कभी मुझे लगता है तुम लोग पूँजीपतियों से ज़्यादा ताक़त तो अपने ख़ुद साथियों से लड़ने में लगा देते हो। छह लोग जुड़ते नहीं कि तीन को तुम प्रति-क्रांतिकारी या counter-revolutionary कहके बाहर कर देते हो।' . . . फुफफ्फ्फ्फ़! . . . मैं मानता हूँ कभी-कभी ऐसा करना पड़ता है . . . जैसे मेरा दोस्त प्रौद्योन।

प्रौद्योन यह बात समझने को ही तैयार नहीं था कि, 'पूँजीवाद ने कुछ अच्छा भी किया है। और पूँजीवाद ने बड़े-बड़े उद्योग खड़े करके ऐसी परिस्थितियाँ पैदा कर दी हैं कि अब मजदूर क्रांति का आना लाज़मी हो गया है।' . . . प्रौद्योन का मानना था कि हमें सारे बड़े कल-कारखाने बंद करके, फिर से गाँव की सीधी-सादी ग़रीब ज़िंदगी की तरफ लौट जाना चाहिए। उसने अपनी बात समझाते हुए एक किताब लिख मारी — 'गुरबत का फ़लसफ़ा' — *Philosophy of Poverty*। तो मैंने जवाब

में एक किताब लिख दी — 'फ़लसफ़े की ग़ुरबत' — *Poverty of Philosophy* — हहूहहूहः ! आःहूहहः ! पर जेनी को लगा मैंने बहुत ग़लत काम किया है प्रौद्योन का मज़ाक़ उड़ा कर। शायद जेनी मुझसे कहीं बेहतर और कोमल इंसान है, जब कि मैं . . . छोड़िए।

जेनी बार-बार कहती थी कि मुझे बैठे-बैठे लिखने-पढ़ने से ज़्यादा वक़्त लंदन के मज़दूरों के साथ बिताना चाहिए। और जब 1864 में International Working Men's Association ने मुझे भाषण देने के लिए बुलाया, तो वो बहुत ख़ुश हुई और ऐसे सज-संवर कर मेरे साथ गयी, जैसे हमें Queen Victoria ने अपने महल में बुलाया हो। Saint Martin हॉल 2,000 लोगों से खचाखच भरा हुआ था। मेरे मंच पर आते ही तालियाँ बजने लगीं। [*मार्क्स इस तरह हाथ हिलाते हैं जैसे इस हॉल में भी तमाम भीड़ जमा हो*] और फिर मैंने बोलना शुरू किया।

'संसार के सारे सर्वहारा-वर्ग को, मज़दूरों-किसानों को आज एकजुट होना पड़ेगा — अपने ख़ून चूसने वाले मालिकों के ख़िलाफ़ ही नहीं बल्कि हर उस ताक़त के ख़िलाफ़, जो हमें राष्ट्रवाद के नाम पर बाँट रहे हैं, जो विदेश-नीति के नाम पर हमें अलग-थलग करते हैं, जो युद्ध में बहादुरी दिखाने के नाम पर ख़ुद राजधानियों में बैठे हमारा ख़ून और पैसा सीमाओं पर बहाते रहते हैं। हमें क्या चाहिए — एक सीधी-सादी सदाचार-पूर्ण ज़िंदगी के सिवाय ? हम क्या माँग रहे हैं सिवाय थोड़ी-सी इंसानियत और न्याय के ? मगर यह सब नहीं मिलेगा, जब तक हम सब एक नहीं हो जाते। और इसीलिए मैं कहता हूँ, "दुनिया के मज़दूरों एक हो !"' . . . यह बात और अंदाज़ जेनी को भी बहुत पसंद आये, बस

एक बात को छोड़ के। वो बोली, 'बाकी सब तो ठीक था पर इसका नाम International Working *Men's* Association क्यूँ था? क्या यह बातें हम औरतों पर लागू नहीं होतीं जो — अगर फैक्टरियों में काम नहीं भी करतीं, तो भी घर पर बच्चों को पालती हैं, खाना पकाती हैं, बर्तन-झाड़ू-कपड़े-सिलाई-सफ़ाई-सेवा-सेक्स सब तो करती हैं?' वो अक्सर मुझे और एंगल्स को कोसती थी — 'तुम दोनों औरतों की बराबरी की बात तो बहुत करते हो, पर सच में क्या करते हो इस पर मेरा मुँह ना खुलवाओ तभी तक ग़नीमत है।' इस विषय पर उसका मुँह खुले या न खुले, मैं अपना मुँह बिलकुल बंद रखता था। जंग में कभी-कभी चार क़दम पीछे हट कर, दुबक कर बैठ जाना ही सबसे बड़ी बहादुरी होती है। वरना जंग ही नहीं आपकी जान भी जा सकती है। [*मर्दों से मुखातिब होकर*] I am sure you know this — as much as I do.

बियर की चुस्की लेते हैं। फिर एक पत्रिका उठाते हैं।

हुंह हुंह हुंह! लिखा है, 'सोवियत संघ टूटने का अर्थ है साम्यवाद की मृत्यु!'

इन बेवकूफ़ों को पता भी है क्या होता है communism? यह उस देश के सिस्टम को communism माने बैठे हैं, जहाँ स्टॉलिन नाम के एक राक्षस ने हज़ारों क्रांतिकारियों की बेरहम हत्या कर दी थी। भले मेरी, एंगल्स और लेनिन की तस्वीर लगा कर की गयी हो — हत्या, हत्या होती है। और जो पत्रकार, जो political-विश्लेषक-विद्वान ऐसी बातें लिखते हैं — पता नहीं किस यूनिवर्सिटी के पढ़े होते हैं, घामड़? *Das*

Capital तो छोड़िए, क्या उन्होंने कभी *Communist Manifesto* भी पलट कर देखा है, जो मैंने तब लिखा था जब मैं तीस का था और एंगल्स 28 का?

Manifesto उठाते हैं।

'अमीर, ग़रीब तबक़ों के नाम पर समाज को बाँटने वाले — चरमराते हुए जीर्ण-शीर्ण पूँजीवाद के स्थान पर — हम एक ऐसा संघ बनायेंगे, एक ऐसा सहभागी-association — जहाँ हर एक इंसान की स्वतंत्रता और उन्नति, सबकी सम्मिलित आज़ादी और तरक़्क़ी तक हम पहुँचाएँगे।' . . . सुना आपने? Association-संघ-मजलिस-सहभागिता — जहाँ सब की — हर एक की — बराबर की शिरक़त हो। यह होता है communism। वो नहीं, जहाँ ख़ुद को कम्युनिस्ट कहने वाला कोई क़ातिल रूस या चीन या कम्बोडिया में — अपने से अलग विचार रखने वालों को दीवार के पास खड़ा करके मशीनगन से गोली मार दे। मेरी किताबें न सही — काश उन लोगों ने *New York Tribune* में लिखा मेरा छोटा सा लेख ही पढ़ लिया होता, जिसमें मैंने लिखा था, 'ख़ुद को सभ्य कहने वाला कोई भी समाज मृत्यु-दंड को सही मानकर, सभ्य नहीं रह जाता है।' . . . गांधीजी भी तो यही कहते थे कि नहीं? भगत सिंह को बचाने की कोशिश में उनका एक तर्क यह भी तो था और उन्होंने लिखा था, 'Mister Irwin, फाँसी और civilised society एक साथ नहीं exist कर सकते।' फिर? कोई साम्यवादी देश कैसे पूँजीवाद के तरीकों को अपनाकर अपने-आप को socialist कह सकता है?

फाँसी को छोड़िए, अपने जेलों को ही देख लीजिए। इस देश में कौन

कितना बड़ा corrupt criminal है — आप ख़ुद जानते हैं। पर पता है कौन रहता है जेलों में? . . . 75 साल के स्वतंत्र भारत के इतिहास में कुल कितने राजनेता भष्टाचार में fully convict होकर जेल गए हैं, जानते हैं आप? सोचिए? कितने? कुल पाँच। जगन्नाथ मिश्रा, कालीचरण सराफ़, जयललिता वाली शशिकला, of course लालू प्रसाद यादव, और योगी खः:खः:नाथ — नहीं-नहीं वो नहीं — महंत योगी चंदनाथ। बस पाँच। और आप लोग बदनाम करते रहते हैं नेताओं को। अब बताइए कितने IAS अधिकारी जेल गए हैं 75 सालों में? कुल-जमा 132। तो फिर कौन भरा रहता है हिंदुस्तान की भीड़-भरी जेलों में? कुछ लुटेरे-डकैत, थोड़े से क़ातिल, रेपिस्ट्स, बलात्कारी योगी-महंत-साधु-बाबा लोग, ड्रग्स बेचने वाले, रंडियां, दल्ले, भिखारी, आवारा-अनाथ बच्चे और ज़्यादातर छोटे-मोटे चोर, उच्चके, गिरहकट, जेबक़तरे, भिखारी और अनाथ बच्चे। मेरा तो मानना है कि यह चोर-उच्चके-गिरहकट-जेबक़तरे exactly वही काम करते हैं — जो पूँजीपति-सरमायेदार करते हैं। जो अपना नहीं है उसे चुरा लेते हैं। पता है आपको, मैंने और एंगल्स ने जेलों के बारे में क्या लिखा था? हमने लिखा था, 'छोटे-छोटे अपराधियों को जेल में डालने की बजाय, हमें अपने समाज में ऐसी परिस्थितियाँ पैदा करनी चाहिए कि लोगों को यह अपराध करने ही नहीं पड़ें और उन्हें अपनी बुनियादी ज़रूरतों को पूरा करते हुए एक इज़्ज़तदार ज़िंदगी जीने का मौक़ा मिल सके।' मेरा बस चले — तो पुलिस-फ़ौज-जेलों की बुनियाद पर टिकी हर तानाशाही को ख़तम कर दूँ मैं।

हाँ, मैंने 'सर्वहारा-ग़रीब-मज़दूरों की तानाशाही' की हिमायत ज़रूर की है

— the dictatorship of the proletariat। पर मैंने एक-पार्टी, एक-लीडर, एक-सेंट्रल-कमेटी, एक-अधिनायक, एक-निरंकुश-मादा-इंद्रा-या-नर-इंद्रा की तानाशाही की बात कभी-कहीं नहीं की है। हमने साफ़ कहा है कि — 'क्रांति के समय — दरिद्र-ग़रीब-मज़दूरों-किसानों की अस्थायी तानाशाही भी केवल कुछ समय के लिए होगी — जब तक कि जन-साधारण ख़ुद अपनी सरकार बना कर सब को बराबरी का दर्जा नहीं दे देते। इसके बाद किसी भी राज-शासन-सरकार की ज़रूरत ही नहीं रह जानी चाहिए और सचमुच का स्वराज स्थापित हो जाना चाहिए।' . . . पर कुछ लोग मेरी बात को समझ ही नहीं पाये। वो कहते रहते हैं, 'पर-राज को छोड़िये, जन-गण के स्वराज में क्रांति के बाद, थोड़े समय के लिए भी, किसी की भी — सर्वहारा की भी — तानाशाही क्यूँ होनी चाहिए?' बाक्युनिन उन्हीं में से एक था। वो मुझसे बहस करता था — बहस क्या करता था, मुझसे झगड़ता था कि 'सर्वहारा की सरकार में भी अगर जेल-पुलिस-आर्मी हुए तो वो भी निरंकुश-क्रूर-निर्दयी-ज़ुल्मतों की सरकार बन जाएगी।'

बाक्युनिन को देखा है आपने? मतलब फ़ोटो। मोटा-तगड़ा-लहीम-शहीम आदमी, गंजा सर, बड़ी सी झबरी दाढ़ी — मुझसे भी बड़ी — जलती बड़ी आँखें और चेहरे पर खूंखार भाव पर बिल्कुल पोपला मुँह — बेचारे के दांत जेल की लंबी बीमारी में झड़ गए थे। वो इस दुनिया में नहीं, अपनी बनायी किसी कल्पना की दुनिया में ही रहता था। पैसे से उसे चिढ़ थी। पास पैसे हुए तो फ़ौरन बाँट देता और अगर न हुए तो फ़ौरन किसी से भी माँग लेता था क्योंकि लौटाने का तो कभी सवाल ही नहीं था। उसका अपना कोई पता-ठिकाना-घर नहीं था या कह लीजिए पूरा संसार

उसका घर था। वो कभी भी, किसी भी कॉमरेड के घर आ धमकता था और सीधे पूछता, 'खाने में क्या है, कॉमरेड! और मेरा बिस्तर कहाँ लगा है?' ज़रा ही देर में वो मेज़बानों से ज़्यादा घर का मालिक बन जाया करता था।

एक दफ़ा हम लोग सोहो के फ्लैट में, अभी खाना परस ही रहे थे कि बाक्युनिन प्रकट हो गया बिना दरवाज़ा खटखटाये और सीधे आकर मेज़ पर विराजमान हो गया बिना बुलाये। अपने पोपले मुँह से हँसा और सीधे गोश्त पर टूट पड़ा बिना किसी न्योते के और फिर ब्रांडी की बोतल उठाके उसमें मुँह लगा कर पीने लगा — बिना किसी और की सोचे। जब जेनी और बच्चियों ने मेरी तरफ घूरा, तो मैंने उससे कहा, 'मिखाइल, ब्रांडी छोड़ो, यह वाइन पियो — इसकी कुछ बोतलें हमारे पास आयी हुई हैं।' तो उसने वाइन का एक घूँट लिया और वहीं कमरे के फर्श पर उसे थूक दिया और बोला, 'यह वाइन है या गधे का मूत? वैसे भी मुझे ब्रांडी ही पसंद है। साफ़ सोचने में बहुत मददगार होती है ब्रांडी, मार्क्स!'

और फिर शुरू हो गयी उसकी नौटंकी। कभी मेरी किसी बात को कोट करके हँसता, कभी डाँटता, कभी झिड़कता, चिल्लाता, ज़ोर-ज़ोर से कोई कविता सुनाने लगता। आखिर जेनी बोली, 'मिखाइल, अब बस करो, और चुप हो जाओ! तुम अकेले ही कमरे की सारी ऑक्सीजन ख़तम किये दे रहे हो!'

'हाआआs हाआआs हाआअs!' वो ठहाका मार के हँसा और जेनी को चूम कर फिर शुरू हो गया।

उस बार वो हमारे यहाँ पूरे एक हफ़्ते तक ठहरा। रात-रात भर हम दोनों

बैठ के शराब पीते और राजनैतिक बहसें करते — झगड़ते, चिल्लाते, गरजते एक-दूसरे पर। अक्सर हमारी बातें होतीं पेरिस कम्यून के बारे में।

पेरिस कम्यून! 1871 की कड़कती सर्दियों के वो दिन, जब पेरिस के हर ग़रीब के दिल में आशा की एक मशाल जल उठी थी। पेरिस क्रांति के शुरू होते ही बाक्युनिन भी उसमें कूद पड़ा था। पर बाक्युनिन तो बाक्युनिन था। पेरिस के कॉमरेड्स में एक मज़ाक़ मशहूर हो गया था, 'क्रांति के पहले दिन तो कॉमरेड बाक्युनिन इंक़लाब की जान होते हैं। पर दूसरे दिन क्रांति के जानलेवा दुश्मन। इंक़लाब बचाना हो तो किसी पूँजीवादी से पहले उन्हें गोली मार दी जानी चाहिए।' हःहःहः! बेचारा बाक्युनिन।

पर पता है आपको कितनी ख़ूबसूरत चीज़ थी पेरिस की वो क्रांति? नेपोलियन तृतीय — यानी नेपोलियन बोनापार्ट का भतीजा — बिलकुल जोकर क़िस्म का आदमी था, जिसे सुंदर-सुंदर महँगे कपड़े पहन कर, जनता के सामने फ़तवे देने और हाथ हिलाने का बड़ा शौक था, क्यूँकि उसे बहुत बड़ा बहुमत मिला था — I am sure आप भी जानते होंगे ऐसे लीडरों को। जबकि असल तस्वीर यह थी कि दबी-पिसी-भूखी-बेरोज़गार जनता की हालत बद-से-बदतर होती जा रही थी। हज़ारों बच्चे कुपोषण और बीमारी से मर रहे थे। उधर नेपोलियन के विरोधी-पक्ष के लोग — जो अपने-आपको उदारवादी कहते थे — इतने कमज़ोर, डरे हुए और confused थे कि जनता के लिए कुछ भी करने से कतराते रहते थे। ऐसे में एक दिन मज़दूरों ने, घर की गृहस्त औरतों ने, क्लर्क्स, टीचर्स, विद्यार्थियों ने, किसानों और छोटे-छोटे दुकानदारों, नानबाइयों, चिकवों, सब्जीवालों ने पूरे पेरिस पर अपना क़ब्ज़ा जमा लिया। और यूँ स्थापित हुआ पेरिस कम्यून — पेरिस में जनता द्वारा, जनता के लिए,

जनता का शासन। शहर के बाहर चारों तरफ़ से नेपोलियन की सेनाएँ घेराबंदी किये बैठीं थी पर शहर के अंदर डर नहीं, नयी मिली आज़ादी का एक गर्मजोश जश्न था।

दो-दो चार-चार के छोटे-छोटे गिरोहों में लोग चौबीसों घंटे आपस में मिल कर सारे फ़ैसले लेते। दुनिया के इतिहास में शायद पहला शहर जिसे किसी राजा-सिपहसालार-नेता ने नहीं — ख़ुद लोगों ने, नागरिकों ने ज़ुल्म-नफ़रत-भेदभाव से आज़ाद करवा लिया था।

कम्यून ने नये-नये कानून बनाने शुरू कर दिये, शोषित जनता के लिए। ग़रीबों के कर्ज़े माफ़ कर दिये गये, घर के किराये मुल्तवी कर दिये गये, साहूकारों के लिए गिरवी रखी चीज़ों में से घर का ज़रूरी सामान वापस करना ज़रूरी कर दिया गया, तंदूर के सामने भुनते नानबाइयों के काम के घंटे कम कर दिये गये, सबकी तनखाहें बराबर कर दी गयीं और-और-और थियेटर के टिकट सबके लिए मुफ़्त कर दिये गये। नामचीन फ़्रेंच पेंटर कॉरबे को कला-अकादमी का सदर बना दिया गया और उसने सारे म्यूज़ियम्स में प्रवेश मुफ़्त कर दिया। Can you believe it, औरतों की शिक्षा के लिए एक कमीशन गठित किया गया — औरतों को पढ़ाने के लिए — एक अद्भुत-अनसुनी बात। और बच्चों की शिक्षा के बारे में कम्यून ने निर्देश दिया कि, 'बच्चों को गणित-भाषा-इतिहास-भूगोल के साथ यह पढ़ाया जाना बहुत ज़रूरी है कि वो कैसे एक-दूसरे से, दूसरे संप्रदायों से, मज़हबों से बराबर का प्यार और बर्ताव करें।' हाह! मैंने देखे हैं आपके यहाँ के सिलेबस . . . एकदम सड़े हुए। वो सब कुछ सिखाया-पढ़ाया जाता है जिससे बच्चे एक capitalistic दुनिया में — दूसरों

के ऊपर पाँव रखते हुए कामयाबी की सीढ़ियाँ चढ़ सकें। पर इस बारे में एक लफ़्ज़ नहीं कि कैसे बच्चे बराबरी, इंसानियत, और इंसाफ़ का सबक सीखें।

अब पेरिस की सड़कें बिना पुलिस के भी महफ़ूज़ थीं। ख़ुश-ख़ुश लोग हर वक़्त चहलक़दमी करते नज़र आते थे। सब एक दूसरे की मदद करते थे। ऐसा लगता था जैसे ख़ुशहाली-रहमदिली का राज कायम हो गया हो, समाजवाद आ गया हो। कम्यून ने गीलोटीन — यानी लोगों के सर-कलम करने के बेरहम औज़ार — को भी ग़ैरक़ानूनी क़रार कर दिया। अगर कहीं कोई रक्त चीज़ — सुर्ख चीज़ — दिखाई देती थी तो वो खून नहीं, लाल झंडे थे। हर इमारत, महल, म्यूज़ियम, मीनार पर लाल लहराते परचम और बड़े-बड़े सुर्ख कपड़ों के थान। वेलोड्रोम — जहाँ फ़ौजी-फतहों का विजय स्तंभ था, उसी के पास तनी खड़ी नेपोलियन बोनापार्ट की प्रतिमा पर लोगों ने रस्सी का फंदा बनाकर फेंका और सब मिल कर उसे खींचने लगे — 'जोर लगा के होइश्शसा!' देखते-देखते नेपोलियन हिला, काँपा, थर्राया और अगले ही क्षण उसका सर आकर धरती पर धड़ाम गिरा। कुछ लोग मूर्ति की चौकी पर चढ़ गये और उन्होंने वहाँ लाल झंडा फहरा दिया। नीचे जमा आदमी, औरतें आसुओं से रोने लगे। देखते-देखते वो चौकी किसी एक सिपहसालार-सम्राट-मुल्क-मज़हब की नहीं, इंसानियत-इंसाफ़-भलमनसाहत-बराबरी और इंसान-दोस्ती की अमूर्त-प्रतिमा की पाद-पीठ बन गयी थी।

नामुमकिन था कि इस जिंदा सपने को — ज़िंदा रहने दिया जाता? मेरे दोस्त मिर्ज़ा ग़ालिब ने तो हमारे वक़्त में ही कह दिया था,

बस-कि दुश्वार है हर काम का आसाँ होना

आदमी को भी मयस्सर नहीं इंसाँ होना

कुछ ही हफ़्तों में नेपोलियन की सेनाएँ शहर में घुसीं और मासूम लोगों के क़त्ल-ए-आम में लग गयीं। कम्यून के अगुआओं को एक क़ब्रिस्तान में ले जाकर गोली मारी गयी कि लाशों को दूर तक ले जाने की ज़हमत न उठानी पड़े। हज़ारों लोगों को मौत के घाट उतार दिया गया। मिर्ज़ा-नौशा बता रहे थे दिल्ली में नादिर शाह ने एक दिन में 20 हज़ार बाशिंदे मारे थे। पेरिस में नेपोलियन-थर्ड ने 30 हज़ार मारे।

मार्क्स अचानक एकदम चुप हो जाते हैं। फिर काफ़ी देर बाद अचानक फिर चहक उठते हैं।

मैं बाक्युनिन से बोला, 'तुम जानना चाहते हो ना कि मैं "सर्वहारा की तानाशाही" किसे कहता हूँ? पेरिस कम्यून में जो हुआ उसे। वो था सच्चा जनतंत्र, true democracy। इंग्लैंड और अमेरिका में इलेक्शन के नाम पर जो तमाशा होता है वो डेमोक्रेसी नहीं है — सर्कस है, जहाँ ट्रेपीज़ पर अपनी जान के लिए झूलते लोग कभी एक पूँजीवादी पार्टी का हाथ थम लेते हैं — कभी दूसरी का — पर बदलता कुछ नहीं है। चुनाव में आदमी कोई भी जीते — राज चलता है उन्हीं पुराने रईसों, उद्योगपतियों और धर्म-मज़हब के वहशी कट्टरपंथियों का।'

बाक्युनिन को तब तक अच्छी-खासी चढ़ चुकी थी। 'बकवास', वो गरजा। मैं भी कौन-सा होश में था? 'बकवास तुम कर रहे हो। क्रांति कोई जादू की छड़ी नहीं कि एक सेकंड में सब कुछ एकदम से बदल

जायेगा। पुराने महलों के पत्थरों से ही नयी इमारतें बनानी होंगी हमें और इस काम में वक़्त लगता है और सब्र।'

'नाआआआआ! क्रांति के बाद हम और सबर नहीं कर सकते, लोगों को नये निज़ाम को फ़ौरन-से-पेश्तर मानना ही होगा, और जो ना माने उस गद्दार को गोली मार दी जानी चाहिए।'

मेरी भी बर्दाश्त की हद पार हो चुकी थी। मैं भी चिल्लाया, 'तुम अव्वल दर्जे के बेवकूफ़ हो। तुम यह सब कभी नहीं समझ पाओगे।'

वो वापस भौंका, 'उल्लू के पट्ठे, तुम्हें लगता है कामगारों का इंक़लाब तुम्हारे सिद्धांतों के हिसाब से चलेगा? मज़दूरों के सब्र का बाँध जिस दिन फटेगा वो उफनाती-पागल दरिया की तरह सब कुछ तोड़ते हुए बहेगा, तुम्हारी किताब में लिखी नहर की तरह नहींईईईइ! मैं थूकता हूँ तुम्हारी ऐसी theory पर — थूऊऊऊ!'

और यह कह कर उसने कमरे के फर्श पर थूक दिया। मुझे ज़बरदस्त ठेस पहुँची। मैं बोला, 'मिखाइल, तुम मेरे सिद्धांतों पर थूक दो मुझे बिलकुल परवाह नहीं, पर जेनी के साफ़ किये फर्श पर क्यूँ थूका? मादरज़ात! फ़ौरन इसे साफ़ करो और निकलो मेरे घर से।'

'तू मुझे गाली देगा, कमीने . . .' और वो मुझपर झपट पड़ा। बस फिर क्या था, भिड़ गये हम दोनों पहलवानों की तरह। पर उमर भी कोई चीज़ होती है। ज़रा ही देर में हाँफते हुए हम दोनों वहीं ज़मीन पर लोट गये। तभी बाक्युनिन किसी दरियाई-घोड़े की तरह उठा, उसने अपनी पैंट खोली और खिड़की के पास जाकर पेशाब करने लगा।

'मिखाइल ! मिखाइल, यह क्या कर रहे हो तुम ?'

'तुम्हारे फ़र्श पर नहीं, तुम्हारी खिड़की के बाहर मूत रहा हूँ और क्या ?'

'अबे, फिर भी तुम मूत तो रहे हो मेरी ही सड़क पे ।'

'नाsss । तेरी सड़क पे नहीं, कामरेड, मैं मूत रहा हूँ इस बदजात लंदन पे, इस बेरहम बर्तानी हुकूमत पे, इस बदबूदार सड़े हुए सिस्टम पे !'

और अगले ही क्षण वो फ़र्श पर लुढ़का और खर्राटे लेने लगा । . . . मैंने अपना माथा पीटा और उसी की बगल में लोट कर मैं भी सो गया । अगली सुबह देर से जब जेनी ने हमें जगाया, तब नींद खुली । ख़ैर जब जागो तभी सवेरा ।

बियर का घूँट लेकर ग़रारा करके पी जाते हैं। फिर एक और
अख़बार उठाते हैं।

यह लोग जब देखो तब लिखते रहते हैं, 'Free Market Economy — जो पूँजीवाद का ही नया नाम है — फ्री-मार्केट-इकॉनमी से लोगों की ज़िंदगी बहुत बेहतर हुई !' कैसे बेहतर हुई ? कौन सा milestone बेहतर हुआ ? शेयर-मार्केट ऊपर चला गया — इसलिए ? किसकी ज़िंदगी बेहतर हुई इससे ? शेयर में पैसा लगाने वाले अमीरों की । पर बाकी लोग ? हाँ ठीक है कि इंडिया की GDP में कमाल का इज़ाफ़ा हुआ है — पर यह सारी capital सिमट कर रह गई है सिर्फ़ 1% लोगों के पास । इंडिया की दो-तिहाई आबादी अभी भी ग़रीबी-रेखा के नीचे ही है । अभी भी 14 लाख बच्चे कुपोषण से 5 साल का होने के पहले ही मर

जाते हैं। सवा-करोड़ बच्चे अभी भी रोटी के लिए अपना बचपन बेचते हैं — child-labour करके। हिंदुस्तान में औसतन आज भी गाँवों में सिर्फ़ 26 रुपये और शहर में 32 रुपये अपने पर ख़र्च कर पाता है एक आम इंसान। इसे अगर आप capitalism की जीत मानते हैं तो आपको बहुत मुबारक हो! ऊपर से ILO — अंतर्राष्ट्रीय मज़दूर संघ — ने कहा है कि Covid के चलते 50% लोग बेरोजगार हो जायेंगे। क्या इसीलिए हम लोग स्कूलों, अस्पतालों, विद्यालयों से ज़्यादा पैसा ख़र्च कर रहे हैं सेना, हथियारों, जेलों और दिल्ली में ग्रैंड-भव्य सरकारी भवनों को बनाने में? मैं मानता हूँ कि आपकी parliament अक्सर ठीक से नहीं चलती। पर इसके लिए वहाँ अंदर बैठे लोग ज़िम्मेदार है, वो पुराना संसद-भवन नहीं।

I agree कि आप लोगों ने कमाल की technological तरक्क़ी की है। मिशन-मंगल, चंद्रयान और शायद जल्दी ही आपका आदमी भी चाँद पर पहुँच जाये। पर उन बेचारों का क्या जो धरती पर रह जायेंगे? गांधीजी ने जब *हिंद-स्वराज* में कहा था कि, 'रेलवे, डॉक्टर और वकीलों ने मिल कर भारत को ग़रीब बना दिया है और अगर हम वक़्त से ना चेते तो पूरी बर्बादी पक्की है', तो वो ऐसी ही, बिना-सोची-विचारी तरक्क़ी की बात कर रहे थे — जो अपने देश की जनता के हालात और बुनियादी ज़रूरतों को ना समझे। आपके नेताओं की नज़र आकाश और अंतरिक्ष से नीचे उतरे तो शायद उन्हें दो-तिहाई हिंदुस्तान की गुरबत दिखाई दे। वो अभी भी निशाखातिर हैं कि, 'न्यू मार्केट इकॉनमी' हर चीज़ का इलाज है। हर चीज़ का इलाज, जैसे कुछ लोग कहते हैं कि — कोरोना से लेकर, दस्त-पेचिश-चर्मरोग-मिर्गी यहाँ तक कि एटॉमिक बम के

रेडिएशन का भी इलाज है गोमूत्र और गोबर।

सचमुच सब गुड़-गोबर हो जायेगा अगर आपने इतिहास को ग़ौर से नहीं देखा। मतलब क्या है 'फ़्री मार्केट इकॉनमी' का? यही ना कि सरकार अपनी सारी ज़िम्मेदारी से हाथ झाड़ ले, ग़रीबों की तरफ़ से आँखें फेर ले और सिर्फ़ अमीर उद्योगपति-सरमायेदारों की देखभाल में लग जाये। आज मुनिस्पिलिटी के नल का पानी सीधे पी लेते हैं आप या पहले उसे फ़िल्टर करते हैं? आज क्यों जेनेरेटर-इन्वर्टर लगा है आपके घर में, जबकि सरकार का काम है बिजली देना? पुलिस है ना, फिर क्यूँ आपने अपने बंगले पे private guard रखा हुआ है? इसलिए अपनी मूलभूत ज़िम्मेदारियों से पैसा बचाकर सरकार किसी बड़े industrialist को सस्ते दामों — या मुफ्त में — ज़मीन दे सके, जिससे वो ख़ुद भी कमायें — और politicians को पैसे देकर इलेक्शन भी जितायें।

मार्क्स का गुस्सा चढ़ने लगता है।

क्यूँ लिखी थी मैंने *Das Capital* डेढ़-सौ साल पहले? इसी 'फ़्री मार्केट इकॉनमी', इसी पूँजीवाद को चुनौती देने के लिए। उन दिनों इंग्लैंड में नन्हे-नन्हे मासूम बच्चो को टेक्सटाइल-फैक्ट्री में काम पर लगा दिया जाता था क्यूँकि उनकी छोटी-छोटी उँगलियाँ पतली-तकली पर धागा बेहतर लपेट लेतीं थीं, और उन्हें तनख़्वाह भी आधी ही देनी पड़ती थी। अमेरिका में कमसिन लड़कियों को ऐसे मिलों में लगा दिया जाता था — जिनके धूल-धुएँ से घुल कर — ज़्यादातर बच्चियाँ 25 की उम्र तक मर जातीं थी। लोगों ने हिस्ट्री पढ़नी बंद कर दी है क्या?

ऊपर आकाश में फिर बिजली कड़कती है। मार्क्स ऊपर देख
कर मुस्कुराते हैं।

फ़फ़फ़फ्फ्फ़फ़ : ! बड़ी जल्दी ठेस लग जाती है इन लोगों के भावनाओं को। बड़े संवेदनशील है न बेचारे, sensitive। हःहः ! मुझे जेनी बहुत याद आती है। वो होती तो इन्हें ज़रूर कोई तगड़ा-सा जवाब देती, छोड़ती थोड़ी ना . . .

. . . मैंने उसे तिल-तिल कर मरते देखा . . . एक-एक साँस के लिए घुटते हुए, ज़िंदगी के एक-एक क़तरे के लिए तड़पते हुए . . . मगर इलाज के पैसे कहाँ थे हमारे पास ? . . . उस हालत में भी वो हमारे खुशियों के दिनों को याद करके मुस्कुराती रहती थी — पेरिस की, जर्मनी की बातें करती थी . . . सोहो के उस दमघोंटू घर में रहते हुए . . .

मैं अपनी बच्चियों को भी बहुत मिस करता हूँ।

आँसुओं से बचने के लिए आँखें बंद कर लेते हैं। फिर चैतन्य
होकर एक पत्रिका उठा कर पलटते हैं।

आपकी मैगजीन्स में और अखबारों में भी न्यूज़ से ज़्यादा तो इश्तेहार होते हैं। यहाँ आते वक़्त तो मैंने कई बड़े-बड़े neon signs और digital boards भी देखे . . . और उन पर छपी ख़ूबसूरत-सेक्सी लड़कियाँ और ऐश-ओ-आराम के असबाब। आलीशान-घर, luxury-cars, fashionable कपड़े, महँगे cosmetics, TV और streaming shows, और . . . और पान-मसाला। Wow ! इंसान

की ज़िंदगी की सारी ज़रूरी चीज़ें। [एक और पन्ना पलटते हैं]

और यह . . . . war memorial पर — सेना के शहीदों को श्रद्धांजलि देते नेता। अरे, सबसे बड़ी capitalist industry तो यही है — युद्ध। और अगर आपने जंग पर कोई सवाल उठाया तो आप राष्ट्र-द्रोही। अरे, ग़रीब किसानों के बच्चों को फ़ौज में भरती करके मरने के लिए सीमा पे भेजने वालों से पूछो, क्या कभी उनका कोई बेटा जंग पे गया है? क्या उनके घर पर कभी 19 साल के बच्चे की गोलियों से छलनी लाश तिरंगे में लिपट कर आयी है? एक नाम बता दीजिए मुझे एक किसी मंत्री-अफ़सर-industrialist का जिसका बच्चा वार में बॉर्डर पर मरा हो। देश की सीमाओं की सुरक्षा करना क्या सिर्फ़ ग़रीबों, किसानों, मज़दूरों के बच्चों का काम है? सीमाओं की सुरक्षा . . .!?

डेढ़-सौ साल पहले मैंने कहा था, 'इन मूर्खतापूर्ण-मिथ्या सीमाओं को भंग कर देना चाहिए। न कोई पासपोर्ट हो, न वीसा, न सीमा-सुरक्षा-बल, न प्रवासियों की कतारें और कोटा। न परचम-झंडे हों और न देश जैसी एक काल्पनिक सत्ता के नाम पर उठाये गये अहद और कसमें। सारी दुनिया एक है और इसीलिए ज़रूरी है कि, "दुनिया के मज़दूरों एक हो!"' उफफ्फ्फ्फ़! मेरी कमर। या कहिये उमर।

मैं मानता हूँ कि मैं पूँजीवाद के पैंतरों को पूरी तरह नहीं पकड़ पाया। मैंने नहीं सोचा था कि यह उद्योगपति-capitalist अपने हथियार बेचने के लिए जंग भी ईजाद कर लेंगे और दवाएँ बेचने के लिए बीमारियाँ। मुझे अंदाज़ा भी नहीं था कि ये लोग किसानों-मज़दूरों-आम लोगों को भरमाने के लिए राष्ट्रवाद के नाम पर झूठे दुश्मन भी बना लेंगे और उन पर नकली

हमले भी। मुझे नहीं पता था कि अपनी सत्ता बनाये रखने के लिए सरकारें पहले मज़हबी-आतंकवाद को बढ़ाएंगी और फिर terrorism के नाम पर धार्मिक-कट्टरता, हिंसा, और मज़हबी-भेदभाव को बेचने लगेंगी।

स्क्रीन पर 1984, 1992, 2002, दिल्ली 2019 वगैरह

1848 में मेरा हिसाब ज़रा गड़बड़ा गया था — जब मैंने कहा था कि, 'पूँजीवाद का अंत नज़दीक ही है।' मेरे अंदाजा थोड़ा सा ग़लत हो गया — बस यही कोई दो-सौ, ढाई-साल साल इधर-उधर। [*मुस्कुराते हैं*] मगर इतना तय है कि यह सब बदलेगा और सरमायेदारी ख़तम होगी। जनगण, आम-लोग, अवाम बेवकूफ़ नहीं होती और जिस दिन वो जागे उस दिन इंक़लाब आना तय है।

हंसिये मत मुझपे। पहले भी यही हुआ है। लोग आपके गांधीजी पर भी हँसते थे — कि यह बुड्ढा बिना खडग-ढाल अंग्रेज़ों को कैसे भगायेगा — सिर्फ़ अहिंसा के सहारे? पर वो जीता। असहयोग से जीता, बिना हथियारों के अपने सत्याग्रह से जीता और अंग्रेज़ों को भागना पड़ा। ऐसे ही जिस दिन मज़दूर-किसान असहयोग पे उतर आये ना — फिर देखियेगा।

वैसे और रास्ता भी क्या छोड़ा है पूँजीवाद ने उनके सामने? उन्हें तो बस एक चीज़ दिखाई देती है मुनाफ़ा-प्रॉफ़िट-नफ़ा — और, और, और फ़ायदा। दुनिया को एक ऐसा बाज़ार बना दिया है उन्होंने जहाँ हर चीज़ एक बिकाऊ जिन्स है — सामान ही नहीं — कला-संस्कृति-साहित्य-संगीत-सुंदरता तक। इंसान इंसान नहीं रह गये हैं इस व्यवस्था में —

एक कॉमोडिटी बन गये हैं। सिर्फ़ factory के मज़दूर नहीं — बल्कि डॉक्टर्स, टीचर्स, वकील, वैज्ञानिक, कवि, कलाकार, technologists और यह नये-नये IT — Information Technology — वाले बच्चे — जो मासूम इस मुग़ालते में जी रहे हैं कि वो क्लर्क नहीं हैं — कोई बड़ा महत्त्वपूर्ण काम कर रहे हैं विदेशी कंपनियों के लिए। World-Wide-Web पर वो ख़ुद, अपने आपको capitalism के जाल में फँसाने के लिए एक web बुनते रहते हैं दिन-रात।

पर जिस दिन इन सब को समझ में आ गया कि वो सब अलग नहीं हैं और उनका दुश्मन एक ही है — उस दिन देखना। अच्छा है कि free-trade ने दुनिया को और भी globalise कर दिया है — सिकोड़ कर छोटा कर दिया है। विचार तो पहले भी यहाँ से वहाँ — बिना सीमाओं की फ़िक्र किये आते-जाते थे — अब तो और तेज़ी से पहुँचने लगे हैं। इससे मेरी उम्मीद और पक्की हो गयी है कि जल्दी ही कुछ होगा — हालात बदलेंगे। मजाज़ की 'सरमायादारी' से उधार लूँ तो:

यह डायन है, भरी गोदों से बच्चे छीन लेती है,

यह ग़ैरत छीन लेती है हम्मीयत छीन लेती है,

गरजती गूँजती ये आज भी मैदाँ में आती है

मगर बद-मस्त है हर हर क़दम पर लड़खड़ाती है

मुबारक दोस्तो लबरेज़ है अब इस का पैमाना

उठाओ आँधियाँ कमज़ोर है बुनियाद-ए-काशाना

मेरी बात मानिये हालात बदलेंगे — आपके-मेरे-हम सब के — बस एक शर्त है। शर्त यह है कि बैठे-बैठे कुछ नहीं होगा। शर्त यह है कि हम सब को — एक साथ आकर — उठना होगा —

सब उठो, मैं भी उठूँ, तुम भी उठो, तुम भी उठो

कोई खिड़की इसी दीवार में खुल जायेगी

कैफ़ी कहता रहता है वहाँ। ख़ुद को मेरा शागिर्द मानता है।

जब मेरा इंडिया आना तय हो गया तो इंडियावाले जाने कितने लोग मुझसे मिलने चले आये। बुज़ुर्ग दादाभाई नौरोजी — जिन्होंने *Poverty and Un-Britsh Rule* लिखी थी — अपनी impeccable इंग्लिश में बोले, 'Herr Marx, in the times of post-truth and fake news जो छपता है उस पर तो यकीन नहीं होता। पर जा रहे हैं, तो ख़ुद देख कर आइएगा कि क्या जैसा मैंने कहा था — "vampirism" यानी अमीर देशों द्वारा ग़रीब मुल्कों का ख़ून चूसना बंद हुआ या नहीं?' जिसे मैं 'flight of capital' कहता था दादाभाई ने उसे 'vampirism' या 'रक्त-पिशाची' का नाम दिया था। भारतेंदु बाबू हरिश्चंद्र तुरंत बोले, 'मैंने भी तो यही कहा था:

अंग्रेज राज सुख साज सजे सब भारी! पै धन विदेस चलि जात इहै अति ख्वारी!'

मैंने कहा, 'देखिए, एक पारसी ब्योपारी, एक हिंदू-बनियाँ, और एक जन्म-जात ज्यू ही — पूँजी के बहाव की "उल्टी-गंगा" को समझ सकता था, जिससे हिंदुस्तान सूखता जा रहा है और ब्रिटिश राज हरियाता जा

रहा था।' सब ज़ोर से हँसने लगे। पर तभी बाबा-तुलसी पूरी गंभीरता से बोले, 'पंडितजी, आकर बताइएगा कि क्या सच वहाँ कुछ लोगों ने मेरे "ग़रीब-नवाज" राम को "लंका-कांड" का धनुर्धारी-योद्धा राम बना कर रख दिया है? अरे, मैंने तो एक कहानी लिखी थी। और हर अच्छी कहानी में सच होना अवश्यक है — किंतु कहानी का सच होना बिलकुल आवश्यक नहीं होता। समझाइएगा यह उन पगलों को।' अचानक पास खड़े संत-कबीर गरजे, 'जरमन! हो सके — तो "उसके" मन-की-बात पहुँचा देना मसीद तोड़ने वालों तक:

न मैं मसजिद, ना मैं देवल, ना काबे-कैलास में

ना तो कौनो किरिया-करम में, नहीं जोग-बैराग में

कहै कबीर, सुनो भाई साधो, 'वो' तो तेरे पास में

कबीरजी की वाणी के ज़ोर और जोश से मेरे तो रोंगटे खड़े हो गये। तभी डॉक्टरजी दौड़े-दौड़े वहाँ चले आये। . . . डॉक्टरजी! डॉक्टरजी को नहीं जानते आप? डॉक्टर केशव बलिराम हेडगेवार। वो बड़े नाराज़ दिख रहे थे। तुनक कर बोले, 'मार्क्सजी, क्या आवश्यकता है आपको जम्बूद्वीपे-भरतखंडे जाने की? क्या हथकंडे दिखाने वाले हैं आप हमारे अखंड-भारत में? आप हमारी संस्कृति और संस्कारों को खंड-खंड करने का षडयंत्र तो नहीं रच रहे?' हःहःहः! मुझे हँसी आ गयी और मैं बोला, 'डॉक्टरजी, भारत वो देश है जिसके संस्कार चालाक अंग्रेज शासक भी नहीं नष्ट कर पाये — मेकावले भी वहाँ फेल ही हो गया — फिर मेरी क्या बिसात? तभी तो महात्मा गांधी ने — उन्हें विशुद्ध हिंदुस्तानी तरीकों से बाहर कर दिया।' तभी महात्माजी ख़ुद वहाँ पहुँच गये। बोले, 'महर्षि

मार्क्स, आप डॉक्टरजी की बात का बुरा न मानियेगा। मैंने भी नहीं माना था, जब सन तीस में इन्होंने तो मेरे "नमक-सत्याग्रह" में हिस्सा लिया पर अपने सारे संगठन को सख़्त ताक़ीद कर दी कि, 'ख़बरदार, अगर संघ का कोई ग़लती से भी नमक बनाने गया।' मुझे फिर हँसी आ गयी, और मैंने कहा, 'डॉक्टरजी, सुना है आजकल — बिलकुल आपकी जैसी मूंछों वाले एक और डॉक्टरजी — उत्तराधिकारी हो गये हैं आपके। चाहिए तो, उनसे कह कर एक "WhatsApp messege" डलवा दीजिए कि — "सावधान! जम्बूद्वीपे-भरतखंडे — कार्ल मार्क्स के हथकंडे! उठा लो सब लिंचिंग वाली लाठी, तलवार और डंडे!" हः हः हः ! नाराज़ होकर, डॉक्टरजी जिस तेज़ी से तमतमाते हुए आये थे, उसी रफ़्तार से फनफनाते वापस हो लिये। तभी गांधीजी बोले, 'महर्षि, मुझे मालूम है कि 1917 में मेरे चरखा ढूँढने के 64 बरस पहले — सन 1853 में ही — आपने लिख दिया था, "करघा और चरखा भारत के सामाजिक-आर्थिक ढाँचे की धुरी हैं . . . मगर अंग्रेजों ने हिंदुस्तान को ग़ुलाम बनाने के लिए करघे को तोड़ा और चरखे को तबाह कर दिया।" . . . .अब ज़रा देखिएगा कि क्या अब भी हिंदुस्तान में कोई चरखा चलाता है, सूत बुनता है?' . . . हुन्ह्ह्ह्ह्ह्ह ! जाने क्या बताऊँगा उनको वापस जाकर? यही कि बड़े लोग जब भी साबरमती आश्रम जाते हैं, चरखे के सामने बैठ कर फोटो ज़रूर खींचते हैं . . . पर सूत . . . ? जहाँ सब टेढ़े-तिरछे मकड़जाल बुनने में मगन हों, वहाँ सीधा-सादा सूत कौन बुनेगा, महात्माजी ?

ख़ैर भूल जाइए उन्हें और मेरे साम्यवाद को भी। पर इतना तो कर सकते हैं ना हम, आप कि हम अपनी प्रकृति की मर्यादा को बचा लें, अपने एकमात्र घर, इस पृथ्वी को, नष्ट करना बंद कर दें — अपने लालच के

लिए। लिखा था मैंने कि, 'पूँजीवाद के profit के लिए हम पृथ्वी का दोहन अनंतकाल तक नहीं कर सकते।' और गांधीजी ने भी कहा था, 'हमारी धरती माँ के पास हमारी ज़रूरत भर को तो बहुत है — पर हमारे लालच के लिए काफ़ी बिलकुल नहीं।'

मैं तो बस इतना कहूँगा कि, 'हमारी धरती से हमारी ज़रूरत भर का जितना, जो भी निकले — उसे हम बराबरी से हर इंसान तक पहुँचने दें — खाना, पानी, हवा, दवा, हरियाली, पेड़, पौधे, पत्ते . . . हर एक के सर पर छत, हर बच्चे-बच्ची को किताबें, हर बूढ़े-बुढ़िया को थोड़ा सा आदर-प्यार, हर जवान लड़के-लड़की को जितना काम — उतना ही आराम, हर एक से थोड़ी-सी मेहनत और फिर ढेर-सी मोहलत . . . जिससे हर किसी के होठों पे गीत हो, गले में संगीत, कानों में कविता हो, आँखों में कला के रंग, चाल में नृत्य का ढंग, और मन में उमंग . . .

यह मत पूछिए यह सब किसे मिले? हर एक को मिले हर किसी को — मज़दूर को, किसान को, ग़रीब को और अमीर को भी . . . क्योंकि यह सब हर इंसान की बुनियादी ज़रूरत है। और हर इंसान पहले इंसान है — आदमी है — फिर कुछ और:

दुनिया में बादशाह है सो है वो भी आदमी

और मुफ़्लिस-ओ-गदा है सो है वो भी आदमी

नेमत जो खा रहा है सो है वो भी आदमी

टुकड़े चबा रहा है सो है वो भी आदमी

नज़ीर ने कहा था, मुझसे पचास साल पहले।

अब बताइए क्या मैं कुछ ज़्यादा या ग़लत चाह रहा हूँ? अगर हाँ, तो टोक दीजिएगा फ़ौरन — यहीं। या बाहर जाकर मुझे गालियाँ दे लीजिएगा। मैं बुरा नहीं मानूँगा — बरसों नहीं, सदियों से गालियाँ खाता आ रहा हूँ, बल्कि डेढ़ शताब्दी से . . . वहाँ भी खाता हूँ . . . पर बुरा नहीं मानता क्योंकि — सच बोलने वाले को बुरा मानने का क्या हक?

अचानक फिर इस बार बड़ी ज़ोर से बिजली कड़कती है। मार्क्स ऊपर देखते हैं

Well, आपसे विदा लेने का वक़्त आ चुका है। मुझे जाना होगा।

हो सकता है आपको मेरा यहाँ आना और अपनी बकबक से आपका वक़्त बर्बाद करना अच्छा ना लगा हो। पर क्या करिए। आपकी गीता में लिखा है ना कि — 'जब-जब बुरा वक़्त आता है, कोई न कोई आता है हमको चेताने-जगाने-डराने।' शायद आजकल 'कल्कि' बिज़ी हैं तो 'कार्ल' चला आया। हाँ, इतना तय है कि मैं कोई अवतार नहीं हूँ। इसी ज़मीन का हूँ। और याद रखिए, अवतारों को भी कुछ करने के लिए ज़मीन पर ही आना पड़ता है। वहाँ बैठे-बैठे कुछ नहीं हो पाता। वैसे बैठे-बैठे कहीं कुछ नहीं हो सकता। तो मैं तो अब उठ जाता हूँ, बाकी आप अपना जानिए। . . . . चलता हूँ . . . !

सामान बटोर कर बैग में भरते हैं और चलना शुरू करते हैं। फिर अचानक कुछ सोच कर रुक जाते हैं और लोगों से मुखातिब होते हैं।

जाते-जाते सोच रहा हूँ आपको एक सूत्र देता जाऊँ . . . . वात्स्यायनजी का — काम का सूत्र . . . . सबके कान क्यूँ खड़े हो गये, अचानक? धत्त! यही प्रॉब्लम है मर्दों की कि 'काम' के नाम पर सिर्फ़ एक चीज़ सूझती है, और कोई काम की बात आप सोच ही नहीं पाते। मैं वात्स्यायन — 'अज्ञेय' के दिये एक सूत्र की बात कर रहा हूँः

यह जो मिट्टी गोड़ता है कोदई खाता है और गेहूं खिलाता है

यह जो पत्थर फोड़ता है, मड़इय्या में रहता है, महल बनाता है

यह जो कज्जल-पुता खदानों में उतरता है, पर चमाचम विमान आसमानों में उड़ाता है

यह जो नंगे बदन, दम साधकर पानी में उतरता है, और बाज़ार के लिए पानीदार मोती निकालकर लाता है

यह जो कलम घिसती है, चाकरी करती है, कचरा ढोती है, और घूरे पर सोती है

यह जो कीचड़ उलीचती है, मनियार सजाती है, रद्दी बटोरती है, दूसरों की उतरन फींचती है

यह जो रेड़ी ठेलता है, ईंटे उछलता है, रुई धुनता है, खटिया बुनता है

यह जो रिक्शा में अपना प्रतिरूप लादे खींचता है, पिसता है, पर न हारता है, न मरता है —

उस पीड़ित-श्रमरत-अविजित-दुर्जेय-कर्मकार-शिल्पी-सृष्टा मानव की

मैं साधना हूँ, आस्था हूँ, कथा हूँ, व्यथा हूँ!

'क्या मैं हूँ?' . . . घर जाते-जाते सोचियेगा।

मैं भी . . . घर जाता हूँ . . . .

फिर बिजली कड़कती है और मार्क्स ग़ायब हो जाते हैं।

समाप्त